흘러간 시간의 발자취, 미래의 희망과 설계

김문수 에세이집

백산출판사

책을 엮으며

대학 시절 문학작품 공모전에 수필을 써서 제출한 것이 당선된 적이 있다. 한때는 문학에 관심을 가져 본 적도 있었다. 틈틈이 생각나는 일들을 글로 써서 컴퓨터에 저장했었고 언젠가 글을 모아 책을 출판해야겠다는 생각을 했었다. 오래전 글들을 꺼내 읽어보면서 내가 살아온 날들을 뒤돌아보며 혼자 웃음을 지은 적도 후회의 눈물을 흘린 적도 새로운 삶에 대한 각오를 다진 적도 있다. 부족한 내용을 보충하며 살아온 날들과 살아갈 날들에 대한 생각을 글로 정리해 보았다.

환갑을 넘긴 60여 년의 삶을 살아왔지만, 초등학교부터 박사학위 취득까지 학업을 위해 살아온 날들이 23년, 호텔에 입사해 퇴직까지 20년, 대학에 시간강사부터 교수까지 35년, 농사일을 시작한 지 15년이 되었다. 뒤돌아보면 밤낮으로 일하며 공부하며 강의하며 농사지으며 열심히 살아왔다. 앞으로 교수정년까지 남은 기간은 4년. 퇴직 후를 위해 오래전부터 어릴 적 배웠던 농사일에 매진해왔다. 농사에는 정년이 없다는 것이 매력적이다.

정든 고향을 떠난 지 약 35년 만에 다시 고향으로 돌아온 것은 내 인생의 가장 큰 행운이다.

장님 가수였던 이용복의 노래 '어린 시절'의 가사처럼 "진달래 먹고 물장구치고 다람쥐 쫓던 어린 시절에 눈사람처럼 커지고 싶던 그 마음 내 마음"

고향을 떠난 사람이라면 누구라도 한 번쯤 고향으로 돌아가고 싶은 것은 꿈일 텐데 나는 그 꿈을 이루었다. 대학교수가 되어 고향을 찾았으니 성공한 삶은 아닐까 생각해 본다.

고향에 돌아와 가장 먼저 시작한 것이 농사이다. 흙을 만지고 풀을 뽑으며 정성을 들여 재배한 농작물들이 커가는 것을 보고 수확물을 가족들 그리고 좋은 사람들과 나눠 먹는 재미가 너무 좋다. 때론 판매로 용돈도 솔솔찮게 들어온다.

'교수생활을 계속할까? 농부로 남을까?'를 늘 생각하게 된다.

마누라는 공무원으로 아들은 영농후계자로 딸은 직장 생활로 주어진 일에 최선을 다하고 있으니 마음에 여유가 생긴다.

한 편 한 편 쓴 글들을 읽어보며 또 다른 생각에 잠기게 된다. 살아온 날들은 돌아갈 수 없는 과거가 되었고 살아갈 날은 미래이다. 미래는 얼마든지 본인의 선택과 판단에 의해 설계되고 실행에 옮길 수가 있다.

둥근 달이 점점 먼 산으로 기울어만 가고 있는 깊은 밤이다. 남아있는 삶은 농부로 미래를 선택하였으니 빨리 새벽이 되어 밭으로 나가 봄에 심은 농작물이 잘 자라고 있는지 둘러봐야겠다.

고향 진천에서 틈틈이 쓴 글이 책으로 엮기까지 옆에서 도와준 사랑하는 가족들과 백산출판사 진욱상 대표님과 후원해준 친구들에게 고마움을 전한다.

차례

1부 살아온 흔적

2부 나눔과 그리움

3부 교수할래? 농부할래?

4부 마음속 소중한 것

1부

살아온 흔적

내 고향 상송上松마을

상송마을은 내가 태어나서 자라고, 떠났다가 다시 돌아온 마을이다. 예부터 소나무 숲이 울창하여 송정(松亭)이라 하였고 그 윗마을에 위치했다 하여 붙여진 이름이다.

이곳은 지금부터 500여 년 전부터 경주 이씨가 처음 들어와 살기 시작했다. 조선 인조 때 세워진 충신 이성문 열녀문과 충렬각은 마을의 연대를 짐작게 해주는 중요한 역사 자료이다.

조선 후기인 1728년 영조 당시에 이인좌의 반란 때 의병으로 참가했던 이성문이 죽은 후 아내 정 씨가 남편의 전사 소식을 듣고 달려가 시신을 찾았다. 그러나 운구할 길이 없어 울면서 목을 베어 치마에 싸서 귀향한 후 상송마을에 묻게 된다. 그녀는 삼년상이 끝난 후 무덤 앞에서 자결하여 남편의 뒤를 따라갔다. 이인좌의 난이 평정된 후 조정에서는 두 부부의 충의와 정절을 찬양하여 정문(旌門)을 내렸다.

이성문 부부 충렬각은 1835년 영조 때 건립되었는데 현재 있는 건물은 1884년 중건한 것이다.

비문에는

"충신증병조참의이성문지려 열녀참의이성문지처숙부인경주정씨지려 명정 숭정기원후오갑신팔월일(忠臣贈兵曹參議李成文之閭 烈女參議李成文之妻淑夫人慶州鄭氏之閭 命旌 崇禎紀元後五甲申八月日)"이라고 쓰여 있다. 이 비문을 통해 비석은 1884년 고종 때 세웠음을 알 수 있다.

상송마을은 현재 200년이 넘은 집터가 있고 거의 쓰러져버린 기둥을 받친 집이 남아있다. 이 집은 전남 화순 원님이었던 김준훈(청풍김씨) 일가가 이곳에 정착하면서 마을이 번성하였다. 하지만 1984년 동네 앞에 있는 백곡 저수지 제방 숭상 공사로 인해 수면적이 확대되면서 수몰 예정이었던 10여 가구의 주민들이 마을을 떠나면서 40여 호가 넘던 마을은 25호만이 남아 마을을 지키며 살고 있다.

마을 앞에는 오래전부터 마을 아낙네들의 놀이터이자 빨래터인 송정샘이 지금도 자리하고 있다. 벼농사를 주로 짓는 지역이니만큼 봄기운이 파릇하게 올라오는 들녘에선 자그마한 소쿠리를 끼고 냉이며 쑥을 캐는 아낙들의 야문 손길이 분주하였다. 제법 소복하게 뵈는 파릇한 봄나물은 오늘 저녁 저들의 소박한 밥상을 향긋하게 버무려 줄 것이다.

마을을 둘러싼 크고 작은 등성이들은 사시사철 마르지 않는

샘과 깨끗한 공기, 그리고 풍성한 산물을 제공하는 마을로 일찍이 500여 년도 훨씬 이전에 이 풍요로운 땅을 골라 안착한 조상들의 안목에 놀란다.

상송마을은 백곡저수지 상류 변에 위치한 마을로 주변 경관에 매료되어 외지인들이 꾸준히 늘고 있고 출향인들도 다시 고향마을로 들어와 집을 짓고 살고 있을 정도로 아름다운 곳이다.

상송마을에서 진천읍 건송리 두건마을로 넘어가는 고개인 금은고개, 상송 동남쪽에 위치한 골짜기로 장사골이라고도 하는 장수골, 마을 북쪽에 있는 골짜기 이름인 벼락박골 그리고 쌀과 벼를 보관하는 창고가 있었는데 항상 곡식이 많은 이곳을 '뒤주'라 하기도 하고 대주가(大酒家)가 있어 말술을 먹었다고 하여 붙여진 마을 '두주(斗酒)'가 이웃 마을로 함께 자연부락을 형성하고 있다. 40여 년 전만 해도 상송과 두주가 한 마을이었으나 행정부 개편으로 분리되었다.

매년 1회 출향인들이 함께 모여 정을 나누는 향우회가 개최되며 경로당 안에는 세월의 흔적이 남아있는 액자들이 누런색을 띠고 있다. 노인들이 매일 모여 화투와 장기를 두며 농사일에 대한 많은 얘기 나누었지만, 지금은 노인들의 숫자가 급격히 줄어 찾는 이가 드물어졌다.

최근에 마을 한가운데 카페가 생겨났다. 80여 년이 된 고택이었는데 12여 년 동안 사람이 살지 않은 폐가를 인근 지역에 사는 분이 매입한 후 깨끗이 고택을 리모델링하여 개업한 것인데 방송을 탄 이후 전국에서 많은 사람이 방문하여 동네에 차량이 늘 붐빈다.

백곡 저수지 둘레길이 만들어지고 저수지에 카누가 띄워지고 고속도로 인터체인지가 만들어질 예정이고 마을 가꾸기 사업으로 많은 변화가 예상된다. 500여 년 조상들이 좋은 터를 잡고 살아온 마을이 주민들의 행복한 미소가 넘치고 이웃과 이웃이 정을 듬뿍 나누는 마을이다.

저수지길 풍경

개울가의 물이 흐르는 소리는 항상 조용하다. 졸졸졸…. 여름과 가을에는 개울가를 찾는 이들이 많다. 알록달록 튜브를 띄워 조금 깊은 곳을 찾아 퐁당퐁당 수영을 하며 더위도 식히고 함께 온 사람들과 물장구를 치며 웃음소리가 멈추지 않는다. 동네 젊은이들은 개울가에 큰 솥단지를 큰 돌에 걸어두고 그물질을 하여 피라미 같은 물고기를 잡아 고추장을 풀고 라면과 국수를 넣고 개울 옆 남의 밭에 들어가 고추 몇 개와 깻잎을 따서 넣고 매운탕으로 천렵을 한다.

내가 어릴 적 살았던 동네는 아이들이 많았다. 개구쟁이들만 살았던 것 같다. 여름방학이 되면 동네 앞 개울로 달려가 수영을 하면서 놀았다. 개울까지 가려면 논길을 걸어가야 한다. 좁은 논길을 뛰어가다 넘어지기 일쑤였고 벼가 자라는 논에는 메뚜기가 놀라 이리저리 날고 잠자리도 엄청 많이 날아다녔다. 지천에 널

려있는 꽃을 꺾어 날아다니는 잠자리에게 "잠자리 동동 파리 동동"을 외치며 꽃을 돌리면 잠자리가 꽃을 물게 된다. 가슴 쪽으로 잽싸게 당겨 잠자리를 잡는다. 잡은 잠자리는 꼬랑지를 잡고 놀다가 다시 날려주곤 했었다.

해가 서산으로 넘어갈 때는 동네 여인들이 개울로 몰려온다. 한여름 내리쬐던 해가 서서히 서산으로 기울 때면 개울가 돌멩이 틈에서 올갱이가 스물스물 기어나온다. 올갱이를 잡는 동네 누님들의 모습이 아름답다. 긴 치마를 무릎 위까지 걷어 한 손에 쥐고 다른 손으로 연신 물속에 넣어 올갱이를 주워 올린다.

어릴 적 우리 집에는 올갱이를 개울에서 주어오는 누님이 없어 옆집에 가야만 맛을 볼 수가 있었다. 올갱이의 씁쓸한 맛에 된장을 풀고 아욱을 넣어 끓인 국은 지금도 그 맛을 잊지 못해, 올갱이국을 판매하는 식당이 보이면 어디든 들어가 사서 먹는 버릇이 있다.

30년 이상을 타지에서 살다 고향으로 돌아오니 우리 동네 앞 개울가 풍광이 모두 없어지고 다른 동네에 온 것 같은 느낌이 든다.

논농사를 주로 하는 우리 마을은 매년 많은 물이 필요하다. 개울을 막아 보를 만들어 모내기에 활용하였으나 가뭄이 있는 해는 흉년으로 피해가 많았다고 한다. 정부에서 저수지를 확장해서 많은 물을 가두어야 하는 둑 높이기 사업이 몇 년 동안 대대적으로 이루어졌다. 그러면서 동네 앞 개울은 없어지고 그곳에 저수지가 늘어나 물이 가득 차 있다.

좁은 논둑길은 아스팔트로 포장을 하여 트랙터나 이앙기, 콤바인들이 다니고, 차들이 저수지 근처까지 자유롭게 들어갈 수 있는 큰 길이 생겼다. 논도 정사각형의 모양으로 반듯하게 정리되었다.

최근에는 저수지 둘레길이 생겨 우리 동네 분들이나 근처 동네 분들이 아침저녁으로 걷기 운동을 하는 곳으로 변했다. 저수지에 물이 가득 차면 저수지에 카누를 타는 모습도 종종 보게 된다. 초봄에는 전국에서 낚시인들이 대어를 잡겠다고 텐트까지 치고 낚시를 하기도 하고 추운 겨울에는 저수지가 꽁꽁 얼게 되면 타 지역 많은 사람들이 가족과 함께 몰려와 빙어잡이를 하는 곳으로 변했다.

어릴 적 개울은 없어지고 둑 높기 사업으로 농토가 없어져 많은 가구가 이사를 가서 마을이 조그마하게 변하였지만, 논농사를 짓는 분들의 물이 부족하지 않아 매년 풍년이 들고 동네의 어르신들의 운동 장소가 되기도 하고 반듯하게 정리된 논은 깨끗해 보이고 많은 사람들이 찾아오는 명소가 된 저수지가 시골 동네의 발전에 원동력이 되길 기대해 본다.

나의 60년

계묘년 아침 문득 지나온 나의 60여 년을 뒤돌아본다.

태어나 유년기를 6년 보냈고 초등학교부터 대학원에서 박사 학위를 받는 동안 학업에 정진한 23년과 1983년 호텔에 입사하여 직장 생활한 20년, 1988년부터 시작한 대학 시간강사와 현재 대학교수까지 35년, 2008년부터 시작한 농사일 15년, 부산 강서구 종합사회복지관 자원봉사자로 28년을 활동하며 지내고 있다. 20대 후반부터 40세 초반까지 이벤트회사, 비디오대여점, 호텔리어를 양성하는 학원 사업도 해 보았다.

20대부터 나는 한 가지 일만 해오지 않았다. 이렇게 많은 일을 할 수 있었던 것은 학업과 직장 일을 병행하고 일을 하면서 대학강의도 하고 대학원 공부를 같이한 까닭이다. 또한 교수를 하면서 고향에 있는 부모님께서 물려주신 땅에 고구마를 시작으로 아로니아, 블루베리, 고추, 벼농사까지 주말과 방학을 이용하며 농사일을 해 왔다.

부산 YWCA-Y-TEEN 지도자 활동을 통해 알게 된 부산 강서구 종합사회복지관과의 인연으로 홀로 외롭게 살고 계신 독거노인들을 매달 방문하여 말벗이 되고 생필품을 전달하는 자원봉사를 내가 강의를 나가는 학교의 대학생들과 함께 호텔리어 봉사단을 만들어 28년 동안 활동하고 있다.

뒤돌아보면 어느 것 하나 쉬운 일은 없었다. 부족한 시간을 쪼개고 가족들의 적극적인 지원과 직장의 상사와 동료들의 배려가 있었으며 함께 활동해준 고마운 대학생들이 있었기에 가능했던 일들이다.

나에게 교수로 주어진 시간은 4년, 자원봉사자로서의 활동도 얼마 남지 않은 듯하다. 하지만 농사일은 아직 임기가 많이 남아있다.

새로운 도전과 그동안 해보지 않은 일들에 대한 도전의 욕심들이 나의 마음을 요동치게 한다.

가슴속 깊은 곳에 아직도 열정이 남아있다.

밥 훔치러 가자

매년 여름이 되면 정기적으로 고향 친구들의 모임이 있다. 일명 상우회라는 모임이다. 연회비를 모아 고향 마을에 일정 금액을 전달하고 모임 경비나 경조사비에 활용하기도 한다. 언제부터 모임이 만들어졌는지는 정확하게 기억이 나지 않지만 어릴 적부터 한 동네에서 크고 자라고 고향을 떠난 친구 아홉 명이 여름방학이나 겨울방학이 되면 고향에서 만나 어울려 놀았기에 자연스럽게 만들어진 것 같다. 나이는 한두 살 터울이 있지만 서로 말을 놓으며 친하게 지내고 있다. 집성촌이기에 사촌지간에도 친구가 되고 심지어 삼촌하고도 친구가 되는 관계도 있다. 고향을 오래도록 지키고 있는 친구도 있지만 대부분 인근 청주와 서울, 경기지역으로 일찍 떠나 학교를 졸업하고 사회생활을 하는 나의 소중한 고추 친구들이다. 어린 시절과 청소년 시절에는 여름방학이 되면 누가 먼저라고 할 것도 없이 고향으로 달려와 함께 마을 앞 개울가 물을 가둬둔 보에서 수영하고 물고기를 잡곤 했다. 다른 친구들에 비해 한 살이 많은 나의 주도하에 아직 덜 익은 남의 밭 참외와 수박을 서리해서 먹기도 하였다. 동네 앞에는 우리 마을에서 제일 잘사는 집이 주인인 조그만 연못이 있었다. 연못에 주인이 큰 잉어를 세 마리 넣었다는 소식을 듣고 컴컴한 밤을 이용해 몰래 연못으로 들어가 큰 잉어 한 마리를 잡아 소죽 쑤는 아궁이에 넣어 구워 먹었다. 며칠 후 온 동네가 난리가 났다. 연못 주인 어르신께서 연못에 잉어 한 마리가 안 보인다고 누구 소행이냐고 온 동네를 이 잡듯 하였으나 친구들이 함구하여 범인이 밝혀지지 않았고 지금에서야 웃으면서 그때 일을 얘기한다. 동네 맨 윗집 감나무 밑에 큰 벌집이 있다는 얘기를 듣고 서울서 내려온 친구와 함께 벌집을 꺼내 먹겠다는 생각으로 나뭇가지로 흔들어 때려다가 벌들이 놀라 우리에게 달려들어 우리는 줄행랑을 쳤지만, 서울에서 온 친구가 머리와 눈가에 벌을 쏘이고 말았다. 벌 쏘인 곳에 된장을 발라야 한다는 생각에 집으로 달려가 항아리 속에 된장을 꺼내 발라 주었지만, 너무 아프고 얼굴이 부어올라 어찌할 줄을 모르고 며칠 동안 친구는 할머님 집에서 나오질 못하였다. 그래도 친구들과 여름방학 중에 가장 기억에 남는 것은 개울가에 큰 솥을 걸어두고 피라미를 어항으로 잡아 국수탕을 끓여 먹었던 일이다. 경운기 뒤에 친구들이 모두 올라타고 솥과 국수, 소금과 고추장만 있으면 되었다. 나머지 재료인 깻잎, 고추, 파들은 누구네 밭인지도 잘 모르지만 눈에 보이면 남의 밭에 들어가 뜯어가면 되었고 젓가락은 개울가 나무를 꺾어 만들면 되었다. 정말 맛있게 먹었던 국수탕은 매년 반복되는 우리들의 여름 방학의 행사가 되었다. 하지만 우리가 성인이 되었을 무렵 동네 앞 저수지를 넓히는 둑 높이기 정부사업으로 인해 우리들의 소중한 추억의 장소가 사라졌고 행사도 없어지게 되었다.

겨울방학에 대한 추억이 그립고 생각이 난다. 여름방학과 마찬가지로 겨울방학이 되면 고향으로 친구들이 몰려온다. 추운 겨울에는 주로 우리보다 세 살 더 많은 누님이 사는 앞집 사랑방으로 저녁을 먹고 모였다. 누님은 언제나 우리를 반갑게 맞이해주셨다. 아마도 누님 동생과 삼촌이 같은 나이라서 그런지 밝은 미소로 우리들의 철없는 행동들을 같이 해주기도 하고 도움을 많이 주셔서 잘 따르는 편이다. 누구의 생각이었는지는 기억에 없지만, 어둠이 깊게 내린 겨울밤에 화투로 '뺑'이라는 것을 했었다. 지금은 고스톱에 익숙해져 어떻게 하는지도 잘 모르지만 많은 사람이 둘러앉아 함께 할 수 있는 화투놀이가 뺑이라서 가능했던 것 같다. 우리는 지난 달력을 찢어 한 판 한 판 치면서 점수를 기록하였고 여러 번의 결전 끝에 술래 두 명을 정하였다. 술래는 양재기를 들고 밥을 훔쳐와야 했다. 그 당시 대부분 고향마을은 가마솥에 불을 때고 밥을 해서 먹고 나면 남은 밥은 가마솥에 물을 조금 부어 그 안에 넣어두었다. 술래는 가마솥 안의 밥을 훔치러 가는 것이다. 나도 몇 번 술래가 되어 가장 만만한 우리집 부엌으로 달려갔다. 컴컴한 밤이라 아무것도 보이지 않지만 익숙한 감각과 손놀림으로 주무시고 계신 어른들이 깰까 조심조심 솥뚜껑을 두 손으로 열고 한 손으로 더듬어서 밥공기를 잡고 양재기에 부으면 되는 일이다. 그다음은 찬장 문을 조심해서 열어야 한다. 손으로 더듬어 몇 가지 반찬을 손으로 잡고 양재기로 담으면 되었다. 조심해서 찬장 문을 닫고 두 번째 집으로 향한다. 술래들은 이미 마음속으로 정해둔 집들이 있다. 들켜도 덜 혼낼 만한 분들이 사시는 집이 목표가 된다. 대부분 우리들이 부엌에 들어설 때쯤 이미 어른들도 다 알고 계시지만 방학에 고향에 놀러온 우리들의 철없는 행동을 이해해주신 것이다. 그렇게 훔쳐온 양재기를 들고 사랑방에 도착하면 남아있던 친구들은 이미 숟가락을 들고 있다. 누구랄 것도 없이 양재기 안의 밥을 비벼 먹었다. 지금도 그 맛을 잊을 수가 없다. 어떤 때는 각자 집에서 쌀을 종이봉투에 한주먹씩 담아오면 모두 모아 플래시를 들고 동네에서 멀리 떨어진 차부에 있는 매점에서 라면 한 봉지와 바꿔와 가마솥에 끓인 후 국물을 홀짝홀짝 마셨던 일들이 생각난다.

우리들의 이름답고 순수하면서도 철없던 행동들도 고등학교를 졸업하면서 모임이 점점 줄어들면서 추억이 되었지만, 성인이 되어 한명 한명 결혼을 하게 되면 모두 모여 축하를 해주고 그동안 하지 못했던 많은 얘기들을 한잔 술을 마시며 나누곤 했다. 불혹의 나이가 넘어서면서 일 년에 한 번 정기적인 모임을 하고 있다.

만나면 늘 우리들의 대화의 주제는 어릴 적 뛰어놀며 철없는 행동들에 대한 추억과 그리움에 대한 이야기로 시간 가는 줄 모른다.

고향도 많이 변했다. 사십 가구가 넘던 마을이 이십여 가구로 줄어들었고 대부분 어르신 분들이 사시는 전형적인 농촌마을이 되었다. 베이비붐 세대에 속하는 친구들이 하나둘 은퇴를 하면서 고향으로 돌아오는 친구들이 생기면서 조금은 마을에 생기가 돈다. 농촌마을 가꾸기 사업 일환으로 우리 동네의 역사관을 만들어보자는 얘기가 나오면서 어릴 적 뛰어놀던 고향의 향수를 찾을 수 있을 것 같은 기대감에 마음이 들뜬다.

불량 학생

아버지는 내가 돌 지난 무렵에 지병으로 돌아가셨다. 그래서 나는 아버지 얼굴을 모른다. 철이 들면서부터 가끔 거울을 들여다보며 아버지가 살아 계신다면 이런 모습이 아닐까? 생각하곤 했다. 어머님은 자식 삼 형제를 두고 농사로는 희망이 없다고 판단하시고 시골을 떠나, 먼 부산으로 직장을 찾아가셨다. 어릴 적에는 엄마의 얼굴도 모르고 자랐다.

오랜 시간이 지난 초등학교 4학년 때 어머님이 부산에서 자리를 잡으셨고 형, 누나, 그리고 나까지 불러 부산으로 전학을 가게 되었다.

시골에서 마을 대장처럼 산과 들을 천둥벌거숭이로 누비며 뛰어놀았던 곳을 떠나 낯선 부산에서 적응하기란 전혀 쉽지 않았다. 먹어 본 것이라곤 감자, 고구마, 감, 서리해서 먹었던 복숭아, 참외, 수박이 전부였던 시골과는 다르게 부산에는 온통 돈을 주고 사 먹어야 하는 것들인 과자들뿐이었다. 돈이 없어 매일 집에 있는 설탕을 녹여 쪽자를 엄청나게 먹었던 기억이 난다.

신발 회사인 태화 고무 근처 하천 1번지라는 곳에서 살았던 터라 회사에서 버린 고무 더미 위에서 동네에서 사귄 친구들과 구슬 따먹기와 딱지 따먹기를 하며 놀기 좋아하여 학교에는 결석이 많았다. 나는 매일 저녁 엄마한테서 학교에 가지 않았다고 회초리를 맞았고, 그때마다 시골에 다시 가고 싶다고 큰소리로 반항하며 울었다.

6학년 때가 생각난다. 어린이날 부모님들이 학교에 오셔서 맛있는 빵과 과자들을 나눠주셨는데 우리 엄마는 선생님을 붙잡고 '우리 아들 퇴학시키지 말라'고 울면서 빌던 기억이 지금도 나의 마음을 쓰리게 하고 아프게 한다. 아침에 학교 가라고 하면 학교에 가지 않고 친구들과 학교 인근에 있는 공원에서 놀다가 집에 돌아온 적이 무척 많았다. 공부에 관심이 전혀 없고 매일 놀던 습관이 배어 있었던 것 같다.

중학교는 집에서 멀리 떨어져 있는 학교로 배정되었다. 매일 차를 타고 등교하는데 나는 아침에는 차를 타고 학교에 갔으며 공부를 마치고는 집에 돌아오는 길에 병무청 주변 공터에서 친구들과 고무공으로 축구를 하고 서면에 있는 토스트 가게에 들러 토스트 껍데기를 차비와 바꿔 그것을 먹으면서 집에 돌아오곤 했다. 공부에 대한 기억이 전혀 없다. 하지만 공부를 안 한다고 여자 선생님에게 손바닥을 맞았던 아픈 기억은 생각이 난다.

중학교에서 고등학교를 진학해야 하는데 공부를 너무 못하여 3학년 담임선생님이 인문계고등학교가 아닌 부산에서 공부 못하는 애들이 모인다는 상고에 입학원서를 써 주셨다. 나는 어떤 학교인지도 모르고 학교에 가라고 하니 집에서 무척이나 멀리 떨어진 학교에 가기 위해 새벽에 버스를 한 시간 이상을 타고 학교에 다녔다.

수업을 마치면 친구들과 근처에 있는 번화가에 돌아다니며 라면, 우동, 떡볶이 등을 사 먹는 것을 즐겼고 담배도 피웠다. 생각해 보면 불량스러운 학생들과 어울려 다녔다. 아니 내가 불량스러운 학생이었다.

상고 1학년에 공부에는 취미가 없었지만, 윤리 과목을 좋아했고 상고에서 꼭 배우는 주산, 부기 과목에 흥미가 있었던 모양이다. 그리고 친구 중에 잘 놀기도 했지만, 공부도 잘하던 친구가 있어서 공부에 흥미를 느끼게 된 것인지 1학년 말에 60여 명 반 학생 중에서 7등이라는 성적으로 2학년 특별반(전교 1등에서 60등)에 들어가게 되었다.

2학년 때의 담임선생님은 학교에서도 무섭기로 소문난 교련 선생님이셨다. 개학 첫 시간에 "우리 반을 1년 동안 무결석반을 만들 거다, 결석하면 가만두지 않겠다"는 말씀에 태어나 처음으로 개근상을 받았다. 그리고 공부에 대한 머리가 깨어서일까? 고2 때는 반에서 3등 안에 들어갈 정도로 잘했던 것 같다.

윤리 선생님은 시험이 끝나면 나에게 채점을 맡기실 정도로 항상 윤리 과목은 100점을 받았다. 선생님들은 공부 잘한다고 늘 칭찬해주셨다. 그리고 주산과 부기 상업계산을 잘하여 2학년이던 내가 3학년 교실에 들어가 주산과 암산을 선배들에게 가르치기도 했다.

그 시절 내 인생에 변화를 가져다주는 일이 있었다. 친구 소개로 집 근처에 있는 교회를 다니게 된 것이다. 학교 수업을 마치면 집보다 교회로 달려가 친구들과 모임에 참석하고 시장으로 몰려가 라면과 떡볶이, 오뎅 등을 사 먹는 것에 정신이 팔렸다. 중고등부의 모임에 전도부장이라는 직책을 맡으면서 대표기도를 하게 되기도 하고 모임에서 사회를 보기도 하였다. 교회에서 성인 야간학교를 운영하였는데 내가 주산과 부기를 가르치는 선생이 되기도 하였다. 아마도 지금까지 학생들을 가르치게 된 계기가 되지 않았나 생각해본다.

고등학교를 졸업한 후 지인의 소개로 신발을 만드는 태화 고무 회사에 취업하여 호인계(고무를 휘발유와 섞어 접착제를 만드는 부서)의 서무로 근무를 하면서 사회생활에 첫발을 내딛게 되었다. 매일 통근차를 타고 출근하여 오전에 결재를 받으면 나는 별 할 일이 없어 온 공장을 돌아다녔다. 신발을 만드는 작업에는 많은 사람이 컨베이어 벨트가 돌아가는 옆에서 일을 하였고 나도 옆에서 거들다 불량을 내기 일쑤였다. 작업반장에게 혼이 나기도 하였지만, 직원들과 재미있는 얘기를 하는 나의 모습이 싫지는 않았던지 먹을 것도 챙겨주시던 여반장이 오늘따라 무척 그립다.

나의 첫 직장생활에 대한 기억이 선명하지 않다. 대부분 나이가 많은 누나, 아저씨들 속에서 일하였는데 많은 사람이 고등학교까지 졸업한 사람이 대학에 가지 않고 왜 이런 회사에 와서 일을 하느냐고 조언해주셨던 일들이 생각난다. 무의미하게 직장생활을 하던 나는 회사에 큰 화재가 발생하는 어수선한 시기에 회사를 그만두었다.

시험문제

상업고등학교를 졸업한 나의 생활기록부에는 장래 희망이 은행원, 기업체 경리과에 입사하는 것으로 기재되어 있다. 고등학교에서 배우고 즐겨했던 일들이 숫자를 다루고 계산하는 능력으로 이어진 것은 아닌지 모르겠다.

대학강의를 35년 가까이 하면서 내가 언제부터 교수의 꿈을 키웠는지를 생각해 보면 그다지 떠오르는 것은 없는 것 같다.

나는 과연 누구일까? 어떤 사람일까? 하는 물음은 사람이라면 누구나 한 번쯤은 해 보는 물음이지 않나 생각해 본다. 나는 어떻게 살아왔는가를 생각해 보면 주어진 일을 하면서, 남들이 하는 것을 내가 못하는 것에 대한 부러움과 질투심, 욕심이란 것이 나의 가슴속 깊은 곳에 있었던 것 같다.

전문대학을 졸업하면서 공부에 대한 욕심 때문인지 3학년에 편입을 하고 싶어 여러 대학을 알아 보았다. 그 당시 편입할 수 있는 대학은 국립 개방대학교와 방송통신대학교밖에 없었다.

방송통신대학교는 불과 1년 전만 하더라도 2년제 대학이었지만 4년제로 승격되었다. 직장과 학업을 병행해야 했기 때문에 전문대학을 함께 졸업한 동기 40여 명과 방송통신대학교에 입학하였다.

늦은 오후부터 라디오 방송을 들으면서 공부를 하기에 결코 쉬운 공부법은 아니었지만, 퇴근 후에 밤늦게까지 라디오를 켜고 책을 보면서 책을 베개 삼아 그대로 잠이 들기 일쑤였다. 나의 방은 밤새도록 불이 켜져 있는 날들이 많았다.

여름 휴가 동안에는 방송통신대학이 지정한 대학교에 출석하여 수업을 들어야 했다. 따라서 입학하여 3년 동안 나에게 여름 휴가는 꿈도 꿀 수 없는 시기였다. 그렇게 노력한 결과 졸업에 필요한 학점을 이수하고 졸업시험에 합격하여 졸업할 수 있었다. 함께 입학한 전문대학 동기들 중 졸업한 사람은 나를 포함해 2명밖에 없었다.

직장 동료들도 내가 어렵게 공부하여 졸업한 것을 알기에 많이 축하해 주었고 호텔 총지배인께서 나를 불러 축하해 주시면서 대학원에 들어가 호텔분야에 대해 전공을 해보면 어떠냐 하셨다.

신문을 통해 부산지역 호텔전공 대학원 학생 모집 홍보 기사를 읽은 후 곧장 달려가 원서를 접수하였다. 원서 접수 후 시험과 면접이 기다리고 있었다. 시험에는 어떤 문제가 출제될 것인가 정보가 없다. 그 시절 나에게는 버릇처럼 회사 일로 거의 매일 은행을 가게 되면 의자 옆에 잡지를 꽂아두는 곳에 아무도 읽지 않는 〈신용경제〉란 책이 있었다. 그 책을 매달 은행 책임자의 허락을 받아 출퇴근하는 버스 안에서 읽고 그 책을 모아 두는 버릇이 있었다.

〈신용경제〉에는 우리나라의 경제에 관련된 소식이 실려 있었는데, 숫자에 유난히 관심이 많은 나에게는 흥미로운 책이었다. 86년 당시 책에는 한국경제에 3마리 토끼를 잡아야 한다는 내용으로 가득 차 있었다.

우리나라 경제가 지속적으로 성장하려면 저금리, 저유가, 엔화 상승으로 인한 원화 가치의 하락에 대한 현 상황을 인지하고 이를 바탕으로 빠르게 성장해야 한다는 내용이었다.

대학원 입학 시험문제 중에 한국경제 3마리 토끼를 잡아야 하는 방안에 대한 문제가 출제된 것이다. 너무 적어야 할 내용들이 많아 시험지를 한 장 더 달라고 하여 두 장을 적어서 제출하였다.

부산에는 날씨가 그렇게 춥지 않아 눈 구경을 할 수가 별로 없다. 새벽부터 오랜만에 부산에 눈이 많이 내려 회사에 지각하였다. 눈이 내리는 창가를 바라보며 동료들도 눈 내리는 것이 신기한지 일이 손에 잡히지 않는 듯했다. 내 책상에 전화벨이 울렸다.

"네 감사합니다, 경리과 김문수입니다"라고 말하자 수화기에서 들려온다.

"김문수씨죠? 축하합니다. 대학원 입학 합격을 축하드립니다. 합격통지서는 우편으로 발송했습니다"

엄청 기쁜 일이지만 같은 부서 직원들에게 자랑스럽게 알릴 수가 없는 상황이었다. 고액의 학비도 걱정이었지만 수업을 들으려면 회사를 비워야 하는 시간이 많아질 것을 알기에 부서 직원들에게 미안함과 눈치가 보이는 것 같아 걱정이 앞섰다.

입학한 후 알게 된 일이지만 수업이 주로 오후 6시부터 이루어져 내가 직장생활하면서 수업을 듣는 것에는 큰 어려움은 없지만, 강의를 듣는 과목마다 내주시는 과제를 하는 것이 만만치 않아 매번 곤욕을 치렀다. 특히 영어 실력이 부족한 나에게는 몇 배의 노력이 필요했다. 아마 그 시기부터 새벽 두 시가 되어야 잠을 자는 버릇도 생겼다.

대학원에 다니게 되면서 함께 수업을 듣던 사람들은 나에게 소중한 인연이 되었다. 매일 회사와 집을 오가는 연속인 나에게 강의가 없는 평일 저녁, 동기들과의 만남과 어울림은 새로운 세상을 알게 해준 소중한 시간이었다. 사업을 하시는 분, 은행원, 공무원, 학교 교사에 이르기까지 다양한 직종의 사람들과 연령도 나보다 많은 분들과의 만남과 사귐은 나를 한 단계 더 성숙하게 만든 시간이었다.

세상은 더불어 사는 것이고 혼자 살아갈 수 없는 것이 세상인 것을 알게 된 것이다.

면접보는 날

나는 상업고등학교 생활 동안 주산과 부기에 소질이 있었다. 자격증도 다른 학생들보다 일찍 취득하여 선배들 반에 들어가 가르쳐줄 정도였다. 대학을 졸업할 때 즈음하여 실기교사 자격증이 나와 지도교수께서 고등학교 선생으로 가지 않겠느냐는 제안이 들어와 부산 남구 황령산 기슭에 있는 실업고등학교에 근무하게 되었다.

교사로서 학생들을 열심히 가르쳤지만, 학교의 방침은 조금 달랐다. 모두 여학생으로 구성되어 있었는데 주로 낮에 직장을 다니고 저녁에 공부하는 학생들이었다. 낮에도 비록 많은 학생은 아니지만, 학급이 편성되어 있어 주야로 학생들을 가르쳐야만 했다. 학교의 재정이 문제였는지는 모르지만, 매일 조회 시간이 되면 학생들에게 학비를 받으라는 지침이 하루도 빠짐없이 내려와 나를 곤욕스럽게 하였다.

유난히 장마가 오래 지속되던 날 집으로 전화가 왔다. "선생님 빨리 좀 오세요"라는 학생의 다급한 목소리에 무슨 일이냐 물으니 학생들이 사는 기숙사 천장이 새어 물이 흘러내려 방에 물이 가득 차 무섭다는 것이다. 택시를 타고 달려 가보니 방안은 침수되고 날씨는 추워 학생들이 울고불고 난리가 아니었다. 남자가 없는 곳이라 여학생들이 무서워하고 어떻게 대처를 할 수가 없는 상황이었던 것 같다.

어두운 지붕에 올라가 주위에 있는 합판으로 구멍이 뚫린 지붕을 막고서야 물이 그쳤다. 방 안 구석에 학생들과 이불을 펴고 밤새 얘기를 나누면서 정이 많이 들었다.

일하며 공부하며 고생한 학생들의 졸업식이 열렸다. 전국 각지의 부모님들과 친구들이 모여 조그만 학교 강당이 가득 찼다. 눈물과 기쁨 속에 졸업식이 열렸고 몇몇 학생들이 다가와 내 품에 안기며 고맙다며 눈물을 쏟아냈다.

새 학기가 시작되어도 학교의 방침에는 변함이 없었다. 나에 대한 능력 부족과 적성과 새로운 진로에 대해 고민하던 중, 부산의 특급호텔 경리과에서 사람을 모집한다는 소식을 듣고 이력서를 냈다.

5월 말경 호텔로부터 면접을 보러오라는 연락을 받고 학교 수업에 지장이 없는 시간을 택해 면접을 보러 갔다. 면접은 일주일이나 계속되었다. 첫날은 담당자, 둘째 날은 과장, 셋째 날은 상무, 그다음 날은 사장 면접까지 진행되었다.

1주일이 되던 날 사장의 면접이 한 번 더 진행된다고 했다.

사장실로 안내하는 과장에게 "왜 오늘도 면접인가요?" 물어보니 앞으로 근무 잘하라고 말씀을 하실 것 같다고 하신다. '합격인가 보다' 생각하며 사장실에 들어가니 새로운 질문을 하신다. "흑자 도산에 대해 말해보라", "학교는 지금 그만둘 수 있느냐?", "언제부터 근무할 수 있느냐?" 등 나에게는 쉽지 않은 질문들이었다.

흑자도산은 평소 알고 있어 대답을 잘하였다. 그 무렵에 우리나라의 부동산이 하늘 높은 줄 모르고 오르고 있어 기업들이 부동산에 많이 투자하였고 유동성이 부족하여 도산을 많이 하는 기업들에 대한 뉴스가 매일같이 나왔기에 쉽게 대답을 할 수 있었다. 학교는 퇴직서를 제출하면 될 것이라 문제가 되지 않았다. 오래되었지만 유독 기억에 남는 질문이 "언제부터 근무할 수 있느냐?"였다. 그날이 토요일이었기에 월요일부터 출근할 수 있다고 했더니 내일 일요일은 출근할 수 없느냐 물으셔서 일요일은 쉬어야 한다고 대답을 한 것이 화근이다. "호텔은 일요일이 더 바쁜 곳이야!"라면서 책상까지 치시며 나를 혼을 냈다.

호텔이란 곳을 처음 알게 된 나는 그 뜻을 잘 이해 못 하였지만, 합격한 후 근무를 하면서 차츰 호텔이란 곳은 남들이 일할 때 조금 한가하고 남들이 쉬는 주말과 일요일은 엄청 바쁘다는 것을 알게 되어 사장님의 질문과 호통의 의미를 알게 되었다.

호텔에 입사하여 첫 출근을 하는 날, 퇴근 무렵 회사로 전화가 왔다. 내가 담임을 맡고 있던 학생들이다.

"왜 우리들을 버리고 다른 회사 가셨어요? 저희 학교 안 다닐 거예요!"라며 등교도 안 하고 광안리 해수욕장 백사장에 학생들이 모여 있다고 했다. 택시를 타고 학생들을 만나 오래도록 설득하여 학교로 돌려보낸 후 집으로 돌아왔다.

입사 첫날부터 겪어야 했던 지난 일들이 주마등처럼 지나간다. 오랜 기억이지만 컴컴한 밤에 비가 억수같이 내리는 날 겁도 없이 기숙사 지붕에 올라가 비가 새는 곳을 막고서 밤새도록 학생들과 많은 대화를 하며, 주경야독하는 학생들이 대견스럽고 부모님들과 떨어져 낮에는 공장에서 일하고 밤에는 졸린 눈을 비비며 공부하던 그 여학생들은 지금 어디서 무엇을 하며 살아가는지, 아무도 연락은 되지 않지만 생각해 보면 그 당시 선생으로서 역할을 한 것 같아 뿌듯함을 느낀다.

내가 선생을 그만둔 날 등교하지 않고 해수욕장에 모여 나에게 학교로 돌아오라고 울며 매달리던 그 학생들이 그립다. 그 당시 나도 20대 초반의 나이였고 사회 경험이 없었지만, 힘들어하는 학생들에게 위로가 되고 용기가 되는 얘기를 해주지 못한 것이 후회된다.

어렵고 힘들게 노력하고 수고한 그때 만난 학생들이 이제 환갑을 맞이할 나이가 되었을 것이다. 이 글을 쓰고 있는 새벽 시간, 그 학생들이 가족과 함께 행복한 얼굴로 잠을 자고 있을 것이라 상상해 본다.

그렇게 나의 20대 초반의 사회생활이 시작되었고 호텔 경리과 신입사원으로 호텔리어의 생활이 시작되었다.

시말서, 승진, 사표

부산지역 호텔 간의 친선 축구대회가 해운대의 백사장 옆 솔밭공원에서 개최되었다. 날마다 고객을 응대하는 직업이고 365일 휴일이 없는 직장을 다니는 호텔리어들은 동종 호텔 간의 경쟁이 걸린 축구대회를 위해 휴일을 반납하고 퇴근 후 잠을 자야 하는데도 며칠 동안 호텔 근처 초등학교 운동장에서 연습하였다.

운동을 평상시에도 즐겨 하는 나는 축구대회 참가자로서 연습을 하였고, 행사 당일 회사 소형버스를 타고 해운대로 출발하였다. 호텔에 다닌다고 해서 모두 객실부서나 식음료부서에만 근무하는 것은 아니다. 크게는 영업부서와 관리부서로 구분하고 부서 간에도 근무시간이 서로 달라 다양한 부서의 사람들과 버스를 타고 부산의 도심지를 벗어난다는 것은 쉬운 일은 아니다.

유니폼도 갈아입지 못한 사람들도 있고 1시간이라도 자야겠다며 버스에 올라타자마자 코골이 하는 사람도 있었다. 나는 입사한 지 2년밖에 되지 않았고 관리부의 경리과는 호텔을 이용하는 고객들의 눈에 띄지 않는 지하 2층에 사무실이 있어 종업원 식당 등에서 영업부서 직원들을 본 적은 있지만 많은 대화를 하지 않아 선수들의 이름까지 알지는 못하는 사이였다. 축구 경기의 의미에 대해 영업장 지배인의 설명을 들으며 경기대회 장소에 도착했다.

해운대 솔밭공원은 백사장에서 아주 가까운 곳에 있으며 넓은 공터로 주변에 소나무가 잘 심겨 있어 많은 시민이 산책하거나 운동을 하는 곳이다.

부산에는 15개 정도의 호텔들이 있었는데, 특급호텔, 1급 호텔, 2급 호텔들이 부산지역 곳곳에 분포되어 있었다. 소나무마다 플래카드가 걸려있었는데 호텔 경력이 얼마 되지 않는 나는 전체 호텔 이름을 다 알지는 못했다. 내가 다니는 호텔의 이름도 멀리 보였다.

경기가 시작되고 우리 호텔도 추첨을 통해 두 번째로 경기가 진행되어 첫 경기는 다행스럽게 승리를 하였고 두 번째 경기에서 패하여 예선 탈락을 하였다.

해운대 인근 식당에 참가자 전체가 점심시간인데도 삼겹살을 구워 먹으며 예선 탈락에 대한 아쉬움과 경기 과정에 대해 많은 이야기를 하며 술잔이 오고 갔다. 경기가 일찍 마쳤기에 나는 다시 호텔에 들어가 근무해야 했고 술을 좋아하지 않아 식사만 하고 호텔로 다시 돌아왔다.

사무실 문을 열고 들어오니 벌써 경기 내용을 알고 있어 경기에 참여한 나에게 별다른 질문이 없었다. 그런데 사무실 분위기가 좀 이상했다. 10여 명 근무하는 직원들 모두 말이 별로 없었다. 조심스레 옆 동료에게 물어보니 축구대회를 하는 동안 호텔 영업부 직원들의 공금횡령 비리가 밝혀져 총지배인이 경리과 소속 영업장 회계원들을 한 명 한 명 불러 조사를 하였고 호텔 전체가 뒤숭숭한 분위기라고 했다.

나하고는 직접적인 관련은 없었지만, 객실부서나 영업장에 근무하는 회계원들이 경리과 소속이었기 때문에 경리과장이 계속 불려가는 듯 결재서류를 들고 왔다 갔다 했다. 무거운 발걸음으로 퇴근하려는데 관리부장이 과장과 나를 따로 불러 오늘 사태에 대해 우리가 먼저 책임을 져야 한다며 여직원을 제외한 부장, 과장, 직책도 없는 나를 포함하여 세 명이 시말서를 써야 한다고 한다.

태어나 처음 쓰는 시말서가 어떻게 생겼는지 어떻게 써야 하는지도 몰랐고 내가 뭘 잘못했는지도 이해가 되지 않았다. 과장님의 시말서를 곁눈질하여 작성해 제출하였다. 그다음 날 오전 관리부장이 사장실에 다녀온 후 나를 불렀다. 오늘부터 주임으로 승진되었단다.

직장인들이 가장 기다리고 좋아하는 일은 승진과 월급 인상일 것이다. 보통 승진은 연말에 발표가 되는데 이례적으로 나 혼자만 오늘 승진하였다. 승진 이유는 객실과 영업장 회계원들을 관리하고 통솔해야 하는데 내가 직급이 없어서 그런 것 같다며 직급을 줄 테니 앞으로 돈을 다루는 직원들의 비리가 없도록 철저히 관리하라는 뜻이었다. 이번 사태로 회계원 15명 중 7명이 퇴사를 하고 영업부서 지배인 몇 명도 옷을 벗고 퇴사하였다.

동료 직원들은 축하한다고 하지만 나 혼자 승진한 것이 기쁘지 않았고 짧은 기간이지만 함께 근무하며 친하게 지냈던 회계원들의 퇴사가 마음이 괴로워 퇴근 무렵 나는 사직서를 작성해 과장에게 전달했다.

사직서를 받아 든 과장이 사직서 종이를 찢어버리며 '지금 장난하냐?'고 했다. 직급이 없는 직원인 네가 책임질 일은 아무것도 없다고 하면서 앞으로 회계원들 빈자리를 메꿔야 하고 그런 사태가 발생하지 않도록 체계를 갖추라고 너를 승진시킨 것이니 열심히 하라고 격려를 해주셨다.

하루 이틀 만에 많은 일이 일어났다. 시말서도 써보고 승진도 하고 사직서도 써보고 사직서가 반려도 되고. 우여곡절을 겪고 다시 시작한 호텔에서의 근무는 나의 인생을 송두리째 바꿔 놓았다. 호텔에 근무하며 방송통신대학교 3학년에 편입하여 공부도 하였고 대학원까지 진학하여 회사의 배려로 대학에 시간강사로서 부산 시내 호텔경영학과가 있는 거의 모든 대학에 출강하기도 하였다.

결혼하여 가정을 꾸리기도 하였고 이벤트 회사를 차려 운영해보기도 하였고, 비디오 가게를 인수하여 운영하기도 했으며,

호텔 근무하랴, 대학원 공부하랴, 대학 강의하랴, 사업하랴, 사회 활동하랴 정말 눈코 뜰 새 없이 바빴다. 호텔에 나의 청춘을 바쳤지만, IMF 때 무리한 사업 확장으로 98년 화의신청이 받아들여져 몇 년 운영하다가 2003년 최종부도 처리되어 법원의 집달리(집행관)들이 내가 근무하는 사무실에 딱지를 붙이고 나서 나의 호텔 생활 20년이 끝이 났다.

청년의 책임

조국의 미래 청년의 책임'이라는 말은 만 20세부터 40세까지 청년들의 국제단체인 청년회의소가 모토로 내건 말이다.

나는 30대 초반에 북부산청년회의소에 가입했다. 이 단체는 국적, 인종, 종교의 차별 없이 청년들 각 개인의 역량을 개발하고 지도역량을 길러 복지사회를 이룩하려는 국제적인 단체이다. 대학 시절에 만난 사회활동이 활발한 친구의 권유로 여러 회원 앞에서 선서를 하고 회원들의 축하를 받으며 가입을 하였다.

내가 가입한 목적은, 평소 우리 호텔의 연회행사에 청년회의소가 연회행사를 자주 개최하였기에, 내가 가입한 단체가 우리 호텔에 더 많은 연회행사를 유치하게 하려는 목적이 있었다.

매월 개최되는 월례회를 포함하여 10개 정도의 분과위원회의 모임도 자주 개최하였고, 국내외 자매협의회와의 친선행사도 자주 열렸으며 지역행사 및 전국행사와 국제행사도 늘 개최되는 단체였기에 연초의 정기총회, 연말의 송년회 등 수많은 모임을 우리 호텔에서 개최된다면 매출에도 크게 기여할 것으로 생각하여 가입한 것이다.

나의 바람대로 회원 업체를 이용하려는 회의소의 관례에 따라 거의 모든 행사를 우리 호텔에서 개최하여 회사에서도 무척 반겼고 매월 개인별로 지급하는 판촉비의 수령액도 나를 즐겁게 하였다. 하지만 개인 사업체를 가지고 있거나 부모로부터 유산을 물려받은 젊은 부유층들과 어울리는 것에는 판촉비만으로는 감당하기 어려운 비용을 지출해야만 했다.

큰 비용을 지출함에도 다양한 친구를 사귀고 내가 경험해 보지 않은 것들을 하게 됨으로써 각종 모임과 행사에 적극 참여하다 보니 회의소의 직책을 맡게 되었다. 지역사회분과위원장이 나의 첫 직책이었고 7명 정도의 분과위원들이 있는 조직이다. 매월 분과위원회를 개최해야 하고 회원들과의 친교를 위해 다양한 소규모 행사를 진행해야만 했다.

분과위원회를 개최할 때는 분과위원장이 회의를 주도해야 하고 안건이나 의결사항 토의할 때나 결정할 때는 방망이(의사봉)를 두드려야 하는 것도 위원장의 특권이기도 하다.

선배들의 진행 과정을 늘 봐왔기에 나는 능숙하게 회의를 진행했고 20대에 YWCA에서 와이틴 지도자로 활동하면서 프로그램 개발하고 진행하는 것을 배운 덕분에 우리 분과위원들이 좋아할 부부 동반 야유회, 어려운 이웃에게 생필품을 전달하는 행사,

장병들과의 축구대회 및 TV 전달행사 등 다양한 이벤트를 진행하여 연말에 진행하는 송년회에서 최우수분과위원장 상을 받기도 하였다.

청년회의소에 많은 시간을 보낸 결과, 나에게 더욱 중요한 직책이 부여되었다. '재정이사'라는 직책은 회의소의 1년 예산을 집행하고 결산을 하는 중요한 자리였다.

이 시기에 나는 호텔에서도 회사 자금을 다뤄야 하는 중요한 업무를 하고 있었고 부산의 전문대학 몇 군데를 돌아다니며 시간강사도 하고 있던 때라 시간도 부족하고 잠도 부족하고 정말 정신없이 활동했던 것 같다.

나에게 주어진 업무에 최선을 다하였다. 회사에서도 인정을 받아 근무시간 중에도 중요한 청년회의소 행사에 참석할 수 있게 배려를 해주었고 대학 강의를 나갈 때도 배려를 해주었다.

전국대회를 우리 청년회의소가 주관하고 개최할 때 나는 3,000여 명의 회원들 앞에서 사회를 보는 영광도 얻게 되었다. 부산시에 부산 찬가를 만들어 전달하고 세계대회가 개최될 때는 일본으로 홍콩으로 다니며 참가했으며, 부산 발전토론회를 할 때는 토론자로 참가하기도 했다. 젊은 시절 다양한 행사와 회의 경험들은 대학교수로서 학생들을 가르치고 상담을 하는 데 많은 도움이 되었다.

만 40살이 되어 약 11년간의 청년회의소를 떠나게 되는 연말 송년회에 나를 위한 전역식이 열렸고 많은 선후배 회원들의 축하

받으며 전역을 하였다.

뒤돌아보면 많은 일들이 있었지만, 조국의 미래 청년들의 책임에 대한 역할을 조금이나마 다한 것 같아 부듯하기까지 하다. 나의 개인적인 역량 개발도 되었고 다양한 행사를 통해 지역사회에 나눔을 실천하였던 나의 청년 시절의 아름다운 추억이 되었던 사회활동이었다.

기억하기 싫은 3년

사람은 누구나 살아가면서 아픈 기억이나 기억하기조차 싫은 일들이 있을 것이라 생각한다. 20년을 다녔던 호텔이 IFM 사태를 견디지 못하고 새천년 초에 최종 부도처리 되어 정든 직장생활을 마치게 되었다. 불혹의 나이에 새로운 직장을 찾아보려 했지만, 나는 박사학위를 취득한 고학력자로 분류되어 면접을 볼 기회조차 주어지지 않았다.

박사학위를 받자 서울에 있는 대학과 학위를 취득한 학교에서 강의 요청이 들어와 일주일에 하루는 서울까지 새벽에 KTX를 타고 올라가 강의하고, 다시 내려와 부산지역의 대학에서 강의하는 일을 반복하게 되었다. 하지만, 시간 강의만으로는 경제적 해결이 되지 않아 새로운 길을 모색해야만 했다.

새로운 사업을 하려면 자신이 가장 잘 알고 오랫동안 해왔던 일을 하면 망하지 않을 것이란 이야기를 새기며 많은 고민과 준비를 하였다. 내가 가장 잘할 수 있는 일은 학생들을 가르치는 일이었고 나의 자산은 호텔에 근무하면서 알게 된 많은 사람이었다.

오랜 시간 준비해서 결정한 것이 부산 호텔리어 아카데미 학원을 설립하는 것이었다. 교육청을 찾아 학원 설립에 필요한 서류를 제출하였으나 호텔리어를 양성하는 학원이 처음 생기는 일이라 허가가 쉽게 나지 않았다. 여러 차례 방문하고 설득하여 학원 허가증을 받아 냈다. 호텔리어 아카데미 학원은 고등학교를 졸업했거나 대학을 중퇴한 사람들에게 호텔에 취업하기 위해 학원에서 3개월 교육을 이수하면 호텔에 취업을 알선하는 학원이었다. 도시철도 시청역 부근에 50여 평을 임대하여 교육실과 사무실, 실제 호텔처럼 객실 프런트와 식음료시설과 바를 만들었다.

신문에 광고하고 도시철도 객실에 스티커를 붙이고 직원을 채용하고 3개월분의 강의 스케줄도 만들고 강사들도 초빙하고 모든 일이 일사천리로 진행되었다. 큰 비용이 들어갔지만 살고 있는 아파트를 담보로 대출도 받고 호텔 경리부서에 근무할 때 만들었던 가계수표를 활용하여 학원 설립을 마쳤다.

학원 설립을 처음 계획할 때는 나의 학원 운영 계획에 함께 투자하기로 했던 선배가 있었는데 막상 허가를 받고 나니 다른 일로 함께하지 못한다고 하여 모든 비용을 내가 부담하게 되었다. 호텔에서 받은 퇴직금은 대학원 학비로 사용하였기에 학원 설립에 들어간 비용은 대부분 빚이었다.

신문에 광고가 나간 후 많은 문의 전화가 왔다. 학원으로 찾아와 상담 후 등록하는 사람이 계속 늘어나 수업 시작일을 앞두고 많은 수강생이 등록하였다. 학원 운영은 순조롭게 진행되었고 수입도 늘어나 조금씩 빚도 갚기 시작하였다.

학기가 바뀌자 대학 강의 요청이 많아졌고 부산과 서울, 천안을 오가며 출강을 하다 보니 학원에 출근하지 못하는 날이 많아졌다. 상담직원과 강사들을 맡기고 학원을 운영한 지 1년도 되지 않아 경영은 적자로 돌아섰다. 적자는 근근이 대학강의 수입으로 메꾸어 가며 버티고 있는 때에 솔깃한 제안이 들어왔다. 인근 승무원을 양성하는 학원 원장이 수강생을 대신 모집해 줄 테니 수강료를 나누자는 제안이 들어왔다. 직원 채용을 늘리는 데 어려움을 겪고 있던 터라 흔쾌히 승낙한 후 계약서를 작성하였다.

곧 수강생이 늘어났지만, 몇 개월 후 문제가 발생했다. 호텔에 취업할 수강생들을 사전에 원장인 내가 면접과 상담을 통해 취업 가능한지를 결정해 수강생을 등록시키고 호텔에 취업 알선을 하였으나 수강생 위탁업체는 수강생 수만 늘리다 보니 호텔에 취업이 어려운 학생들이 늘어나기 시작하면서 학원에 대한 불신이 늘어난 것이다.

이렇게 운영해서는 안 되겠다는 판단에 대학 강의를 줄이고 학원에 전념하면서 위탁업체와의 계약을 파기하였다. 학원을 정상적으로 운영하던 시점에 또 다른 일이 터져버렸다.

수강생 위탁업체가 나와 같은 업종의 학원을 설립한 것이다. 그동안 내가 운영해온 홈페이지 관리와 수강생 교육커리큘럼, 심지어 강사까지 스카우트하여 모든 학원의 자산이 송두리째 빼돌려진 것이다.

학원은 점점 수강생은 줄어들고 임대료와 에너지비용, 대출이자까지 힘든 날들이 시작되었다. 가족들의 도움과 지인들의 도움으로 버텨보았고 그마저도 힘들 때는 자동차를 담보로 대출까지 받기에 이르렀고 급전까지 손을 대기 시작하였다.

그동안 쌓아왔던 나의 신용이 송두리째 뽑히었고 '계속 삶을 살아갈 수 있을까'라는 잘못된 생각도 수도 없이 많이 했던 것 같았다. 어려움을 겪고 있던 때 부산 해운대 대형교회의 집사로 계신 학원 강사님의 권유로 교회에 등록하고 매주 교회에 나가 어려움을 극복할 수 있도록 기도하였다.

은혜를 받아서일까 학원을 설립한 지 3년이 다 되어가던 시기에 대학교수 채용에 응시했는데 성탄을 하루 앞두고 합격 통지를 받게 되었다. 합격 전화를 받고 흐르는 눈물을 감당할 수 없을 만큼 기뻤다.

새 학기를 앞두고 학원을 매각하려 했지만, 매수자가 나타나지 않고 계속되는 임대료를 줄여야겠다고 판단하여 폐업하고 철거 결정을 한 후 내부 기물들을 싼 가격에 고물상에게 넘겨주고 건물 원상 복구까지 마무리한 후 학원 사업을 마무리할 수 있었다.

직장생활만 하던 내가 성급한 판단과 부실한 운영으로 시작한 3년의 사업은 가족과 지인들에게 많은 아픔과 실망을 주게 되었다.

가끔 학원 운영하던 일들이 꿈에 나타난다. 식은땀이 흘러내린다. 나의 생에 정말 기억하기 싫은 일 중에 가장 대표적인 것이 되었다. 힘들고 나의 생을 마감하고 싶을 절망의 시기에 교회에 나가 하나님께 눈물로 매달렸던 것에 은혜를 받은 것이다.

독백과 그리움

아! 할머님

추적놀이

나눔의 행복

짝 잃은 단풍잎

열심히 살아가는 사람들

이런 날도

티컵 강아지

길냥이

꼭꼭 숨겨두었던 가방을 꺼내며

믹스커피

취미생활

식사하는 부부

갈미봉

Don't Cry For Me Argentina

나의 아저씨

흔적을 남기지 마라

2부

나눔과 그리움

독백과 그리움

가을을 재촉하는 태풍이 먼 태평양에서 북진하고 있다는 소식이 들린다. 하지만, 날씨가 때아닌 땡볕의 한여름이다.

이마 가득 흐르는 땀방울을 훔치며 달려간 곳은 10여 년간 늘 보고 싶어 만났던 할머니가 입원하고 계신 병원이었다. 병원으로 달려가는 차 안에서 갑자기 서글픔이 밀려드는 것은 이런 이유에서인 듯하다. 일찍이 대학 시절에 시작한 고등학교 서클 지도자 생활을 하면서 배웠던 봉사 활동. 나이가 들면서 행동으로 실천해야 하는 어떤 의무감으로 시작한 복지관 독거노인 다섯 분과의 만남은 10년 전의 일이었다. 처음 그분들을 만날 때의 두려움은 아직도 잊을 수가 없다. 앞을 보지 못한 채 반평생을 살아오신 할머니, 2평 방 안에서 아들 두 명을 잃으셨다며 만나면 한없이 눈물을 흘리시던 할머니, 매일 약봉지를 들고 사시는 할머니, 허리가 펴지질 않아 가슴과 무릎이 붙어져서야 앉으시는 할머니.

과연 이런 분들에게 봉사 활동을 할 수 있을까? 라는 두려움과 걱정이 앞섰지만, 봉사 학생들이 많아 할머님 집을 포위(?)하기도 했었고 복잡한 할머니 집을 찾기 위해 손으로 그린 지도 한 장으로 조원들로 나눠 할머니 집 찾는 추적놀이를 하기도 하였다. 봉사 활동이 끝나면 뒤풀이는 어김없이 칼국수로 하였다. 힘들게 사시는 할머님댁을 방문하고서는 차마 고기를 먹을 수가 없었다.

신나고 즐거운 봉사 활동도 세월이 흐르면서 사회현상과도 같이 변해가는 것은 어쩔 수가 없는 것일까? 많은 인원이 참여하던 봉사 활동 학생들이 점점 줄기 시작하더니 지난해 말부터는 나 혼자만이 남게 되었다. 맨 처음 시작할 때 혼자였으니 당연한 일이지만 왠지 서글퍼지는 것은 어쩔 수가 없다. 할머님 댁을 방문하는 나의 발걸음은 힘이 없어지고 혼자 찾아온 나를 반기는 할머님들의 얼굴에도 미소가 옅어지셨다. 긴장을 늦춰서일까? 지난해 4월 말 부슬부슬 비가 오는 날 유난히도 눈이 예쁘셨던 할머님께서 70여 명의 대학생 손자 손녀들의 눈물을 뒤로하시고 먼저 평안한 세상으로 가셨다. 정이 많이 들었는데. 힘없는 발걸음은 계속되었고 함께 할 학생이 없어 사랑스러운 아들딸을 데리고 할머님댁을 방문하였다. 허리춤에 감춰두신 쌈짓돈 천 원씩을 나눠주시는 할머님들에게서 참으로 순수하심을 새삼 느끼게 되고 자식들 교육이 되는 시간이었다. 회사 일과 학교 일로 정신이 없던 지난 4월, 봉사활동을 갔을 때 무척이나 야위고 아파하시던 할머님이 마음에 걸려 밤 11시 할머니 집 앞까지 찾아갔지만, 집에 불이 꺼져있어 주무시는 줄로 알고 발걸음을 뒤로했는데.

그다음 날 한 통의 전화는 가슴 철렁! 내가 찾은 전날 이미 할머님은 돌아가셨고 연고가 없으셔서 당일 화장했다는 복지관의 전화! 늘 붙잡고 한없이 흘리셨던 눈물이 이제는 마르셨나 보다. 눈물 없는 세상에서 먼저 보낸 아들들을 만나셨겠지. 오늘 새벽, 울리는 핸드폰 소리에 잠을 깼다.

"병원인데요! 할머니가 치매기가 있고, 연고가 없어 할 수 없이 전화를 드렸……."

또 한 번 하늘이 무너지는 것 같은 충격에 병원으로 달려갔다. 사전에 연락한 복지관의 복지사가 도착하여 간호사와 할머니 상태를 점검하고 있었고 다행히 할머니는 나를 알아보시며 반갑고 서러운 눈물을 한없이 흘리셨다. 전날 밤 얼마나 사람이 그리웠으면 함께 입원한 환자의 뺨을 만지시다가 환자가 놀라 비명을 지르고 난리였다는 간호과장의 설명으로 약간의 치매가 있다고 판단하여 병원에 혼자 입원시킬 수가 없어 강제 퇴원시키기로 했다. 지난해까지 함께 했던 학생들이라도 옆에 있다면 이렇게까지 마음이 착잡하거나 짜증이 나지는 않을 텐데……. 다섯 분 중에 이제 세분만이 남아계신다. 전화 받기가 겁나고 두려워진다. 점점 사회의 변화 속에 우리는 이기주의적인 삶을 살아가고 있다. 나와 가족 외에는 전혀 관심이 없는 듯한 세상 속에 오늘도 내일도 더불어 묻혀 살아가야 한다니, 서글프다! 언론이 떠들어야 조금의 관심 표명만 있을 뿐. 우리 주위에 소외되어 살아가는 많은 이들이 있고 양지보다는 음지에서 힘없이 살아가는 이들에게 우리는 왜 이렇게 무관심할까? 언젠가 우리도 자식에게 버림을, 세상에서 버림을 당할지도 모르는데. 오늘 밤도 높은 곳에 홀로 서 있는 초승달이 점점 살이 붙어 오를 때면 서러운 눈물을 홀로 흘리고 계실 우리들의 이웃에게 관심을 가져야 한다.

할머니! 며칠 후 둥근 달이 되는 날, 할머니가 좋아하시는 호박전과 초밥을 들고 많은 손자 손녀를 데리고 찾아뵐게요. 그날까지 건강하시고 행복한 꿈 꾸시길 기원합니다. 먼저 가신 두 분 할머님이 오늘 따라 무척이나 뵙고 싶어요. 할머님! 사랑해요.

아! 할머님

많은 고통을 잘 이기시더니 우리를 남기고 먼저 고통 없는 곳으로 가시다니요. 기억하기 싫은 사월 이십구일 오전 열 시, 아픔 없고 평화롭고 향기나는 꽃들과 나비와 새소리가 있는 그곳으로 할머님은 가셨답니다. 할머님의 명복을 비는 마른 대지 위에 단비가 부슬부슬 내려 마음을 더욱 아프게 하네요. 할머님이 살아생전 맑은 눈으로 바라보신 손자, 손녀들이 오래도록 보고 싶지 않으셨어요? 아들과 딸 같은 아니 손자, 손녀 같은 저희가 그렇게 잘못한 게 많았습니까? 이제 어떻게 할머니에게 못다 한 사랑을 전할 수 있어요? 편안한 안식처를 찾으셨어요? 우리들이 못다 한 마음을 안식처에서 다시 찾으세요. 이제 우리는 할머님께 전해드렸던 작은 정성을 남아계신 할머님들께 전해 드릴게요. 우리들이 할머님을 생각했던 것을 잊으시면 안 됩니다. 이 밤 차가운 곳에서 누워계신 할머님의 모습을 떠올리며 잠 못 이룹니다. 영원한 안식처에서 평화와 많은 사랑을 받으세요.

할머님을 처음 만난 날을 기억합니다. 그날도 비가 억수같이 내리는 날 대학생 봉사자들과 복지관의 이쁜 복지사와 함께 할머님댁을 방문했지요. 할머님댁으로 가는 차 안에서 복지사가 할머님이 곱게 늙으셨고 이름도 아름다운 오소녀 할머니, 특히 눈이 너무 이쁘신 분이라고 얘기해서 봉사자들 모두 할머님을 빨리 만나고 싶어 했어요. 좁은 골목길을 몇 차례나 돌고 돌아 도착한 할머님 집은 처마가 없어 내리는 비를 피할 수도 없는 좁디좁은 곳이었습니다. 어떻게 그 좁은 곳에서 생활을 하셨나요? 봉사자들이 몇 명 되지 않았는데도 모두 방 안에 들어갈 수가 없었어요. 첫눈에 보이는 할머니 얼굴에 유독 이쁜 눈만 보였어요. 주름도 많으시고 흰 눈이 내린 듯 머리카락은 흰색인데 까맣고 이쁜 할머님 눈에 하마터면 내가 빠질 듯 맑은 호수 같았답니다. 일일이 한명 한명 손을 잡아주시고 좁은 방 아랫목을 저에게 내어주셨던 일들이 영화처럼 스쳐 지나갑니다. 그렇게 할머님과의 인연이 시작되었지요. 한 달에 겨우 한 번 찾아뵈었지만 늘 우리를 매일 같이 기다리셨다는 말에 늘 죄송한 마음이었답니다. 만날 때마다 할머니의 젊은 시절 얘기가 영화의 시나리오처럼 들리기도 하고 할머님의 첫사랑 얘기를 해주실 때는 설레기도 하고 부럽기도 하였지만 한마디 한마디 말을 할 때마다 그때를 그리워하시며 눈가가 젖어있는 것을 발견했답니다. 그렇게 첫사랑으로 만난 할아버지와의 결혼생활과 먼저 먼 길을 떠나신 얘기를 저희가 들으면서 봉사자들이 함께 울기도 하였지요.

5년이라는 긴 세월 동안 찾아뵈었지만 최근 방문할 때마다 일어나지도 못하고 누워서 우리를 반겨주셔서 가슴이 많이 아팠는데 이제 고통 없는 곳으로 떠나셨네요.

사랑하는 오소녀 할머니! 이제 저희들은 할머님을 잊고자 합니다. 미래에 해야 할 일이 많은 우리들은 또 할 일을 찾겠습니다. 할머님 우리 먼 훗날 다시 만나요. 우리들이 표현하기 힘든 사랑을 할머님 영전에 바칩니다. 할머님 사랑해요. 오소녀 할머님 사랑해요. 우리 다시 만나요. 고통 없는 곳에서 만나요. 할머님께 많은 사랑을 보내준 학생들에게 고마움을 전할게요.

추적놀이

어제오늘 어두운 밤하늘에서 하얗게 눈이 많이도 내렸다. 몇 번이고 밖에 나가 내리는 눈을 쓸고 치워도 끝이 없이 내린다. 밖에 매어놓은 강아지도 추운지 제집에 들어가 나올 생각이 없다. 매일 먹이를 주는 주인을 보면 꼬리를 흔들며 반겨주던 강아지도 제집에서 눈을 치우는 내가 안쓰럽게 보이는지 눈동자만 굴리고 있다.

2층에서 보이는 마을은 가로등 불빛만이 보이고 하얗게 내린 눈으로 집들은 보이지 않는다. 따스한 커피가 당기는 긴 밤의 시간이 흘러간다.

핸드폰을 들여다보니 좋은 사람들이 모여 있는 카톡방에 공지가 눈에 들어온다. 며칠 후 홀로 살고 계신 독거 어르신들을 찾아뵙고 말벗을 하는 봉사활동을 실시하니 참석 가능한 사람들은 댓글을 달아 달라는 내용이다. 선뜻 댓글을 달 수가 없다.

몇 해 전까지만 해도 당연히 참석해야 하는 활동이지만 진천에서 부산까지 내려가는 일이 결코 쉽지 않다. 핑계일 수도 있지만 몇 년 전에 치매가 걸리신 89세 된 어머님도 잘 찾아뵙지 못하는 불효자가 다른 어르신들을 찾아 뵙는다는 것에 마음을 결정하기가 어렵다.

30대에 시작한 독거 어르신을 찾아 봉사활동을 시작한 지 벌써 28년이 되었다. 많은 분들과의 만남을 통하여 많이 배우고 유치원에 다니던 아들딸을 데리고 활동했던 일 때문인지 가정교육과 인성교육을 하지 않아도 될 만큼 아들딸이 잘 성장하여 자신들의 역할을 잘 하고 있다.

세상에는 사람들이 잘 알지 못하는 음지에서 생활하시는 분들이 우리 주변에는 너무도 많이 있다. 어려운 환경에서 살아가는 분들은 세상의 따뜻한 손길을 기다리고 있지만 도움을 주는 손길이 점점 뜸해지고 있어 안타깝다.

부산의 한 대학에 시간강사를 했을 때의 일이 생각난다. 강의가 끝날 무렵 내가 봉사활동 얘기를 하였고 함께 참여하고 싶은 학생들은 낙동강 옆 복지관으로 오라는 말을 하고 수업을 마쳤다. 매달 실시하는 봉사활동에는 열 명 정도의 대학생과 아들딸이 참석하여 내 차 한 대로 할아버지, 할머니 집을 왔다 갔다 하면서 방문을 하고 칼국수로 식사를 한 후 간단히 평가회를 하고 마치는 활동을 했었다.

활동하는 날 아들딸을 태우고 복지관에 도착하니 복지관 마당에 60여 명에 달하는 학생들이 모여 있다. 나의 수업을 듣는 학생들이 거의 다 온 것이다. 이런 일은 처음이라 복지사와 나는 어떻게 해야 할지를 모를 지경이었다. 학생들을 복지관 강당에 모이게 한 후 봉사활동에 대한 사전 교육을 실시하였다. 이 많은 학생들과 어떻게 이동해야 하나? 한꺼번에 할아버지, 할머니 집을 방문하면 들어갈 공간도 없고 난감한 순간에 나의 머릿속에서 하나의 아이디어가 떠올랐다. 추적놀이처럼 활동을 해야겠다고 마음먹었다.

복지사와 함께 오늘 찾아가야 할 할아버지, 할머니의 집 8군데를 손으로 약도를 그렸다. 봉사활동을 수차례 참석한 학생을 조장으로 하고 8명씩 조를 짜고 손으로 그린 약도를 가지고 미리 준비한 선물을 전달하고 돌아오는 미션을 주었다.

부산에서도 낙후된 지역이 낙동강을 끼고 있는 강서지역이다. 좁은 골목과 다세대로 이루어진 독거 어르신들의 집을 찾는 것은 결코 쉽지 않은 일이기에 걱정도 되었지만 학생들이 재미있어 하면서 활동을 하였다. 항상 차로 이동하여 활동을 하였지만 걸어서 이동하는 거리가 결코 만만하지 않았다.

오전 11시에 출발하였는데 오후 2시가 넘어서야 활동을 마친 조들이 하나둘씩 복지관으로 돌아왔다. 학생들은 대부분 아침과 점심을 먹지 않아 지친 모습이 역력했다. 걱정하였지만 모든 조가 완수했다.

부산 강서지역은 칼국수로 유명한 집들이 많다. 우리 봉사학생들은 활동을 마치면 근처에 할매칼국수집을 주로 찾는다. 이곳은 큰 가마솥에 나무장작을 태워 물을 끓이고 그 안에 국수를 삶아 먹고 싶은 양만큼 자유롭게 스스로 덜어서 먹는 집이다. 국수뿐만 아니라 밥과 국 반찬들이 무수히 많고 가격이 저렴해 부산 사람들이 애용하는 맛집이다.

한꺼번에 60여 명의 대학생들이 방문하니 주인 할매가 눈이 커진다. 식당 내부는 좁지만 원하는 만큼 그릇에 담아 밖의 포도 넝쿨 밑에 앉거나 서서 얼마든지 먹을 수 있다. 이런 집이 처음인 학생들은 국수는 입으로 들어가지만 웃음소리와 말들은 멈추지 않는다.

주인 할매는 좋은 일 한다며 국수값을 10명분을 깎아주셨다. 이 소식에 학생들 전원이 "감사합니다"라는 말과 함께 식당이 떠나가도록 큰 박수로 감사의 마음을 전했다. 식당 밖에 모여 간단히 조장들의 발표로 평가회를 마치고 버스와 지하철로 이동해 해산하였다.

집에 돌아오니 시간은 저녁을 먹을 시간이 되었다. 국수로 채운 배가 꺼지지 않아 먹을 수가 없었다. 아들딸도 집에 들어오자마자 침대로 달려가 일어날 생각을 하지 않았다.

많은 것을 가지지 않았지만 어려운 환경에서 외롭고 힘들게 살아가시는 독거 어르신들께 자식 손녀 같은 학생들이 매달 찾아가 말벗이 되어드리고 라면, 쌀, 국수 등 생필품을 전달하는 아름다운 손길이 있기에 우리는 희망을 갖고 살아가게 된다.

학교에 출강하여 강의실에서 만난 학생들이 다가와 너무 좋은 경험이었고 약도 한 장 가지고 찾아가는 추적놀이가 너무 인상 깊었다는 말에 어깨가 올라감을 느꼈다.

반쯤 마신 커피가 식었다. 창밖을 내다보니 눈은 그쳤지만 날씨가 춥다. 강아지 집이 추워 보인다. 입지 않은 옷가지를 들고 강아지 집에 넣어주니 웅크리고 잘 모양이다. 나도 자야겠다.

나눔의 행복

전 세계 30개 이상의 국가 및 지역에 100여 개의 호텔을 가지고 있으며 완벽한 서비스를 제공하는 The-Ritz-Carlton 브랜드의 호텔은 "호텔의 아버지"라고 불리는 세자르 리츠(Ceser Ritz, 1850~1918)가 프랑스 파리에 최고급 호텔 리츠(Ritz)와 1899년 영국 런던에 칼튼(Carlton)호텔을 세우면서 시작되었다. 호텔 리츠는 지금도 전 세계에서 가장 고급스러운 호텔로 손꼽히며, 세계 저명인사들이 이곳에서 지내는 것을 영광으로 여길 정도로 명성이 높은 호텔이다.

1929년 세계 대공황으로 리츠칼튼은 많은 어려움을 겪게 되고 1998년 메리어트 인터내셔널에 매각되어 소유권은 이전되었지만 서비스와 품질에 대한 리츠칼튼의 경영진의 신념은 변하지 않았으며 오히려 리츠칼튼의 서비스 정신은 전 세계적으로 인정받고 있다.

리츠칼튼의 서비스는 일명 "미스틱서비스(Mystique service)"라고 불리는데 이는 마치 하인들이 왕과 귀족들의 취향과 용무를 알아 세심한 부분까지 말하지 않아도 처리해 주는 것처럼 리츠칼튼의 직원들도 한번 왔다 간 고객에 대한 정보는 모두 잊지 않고 기록하고 공유하는 미스틱서비스를 한다는 것이다.

특히, 리츠칼튼이 내세우는 모토(Motto)는 "We are Ladies and Gentleman aerving Ladies and Gentleman(우리는 신사 숙녀 여러분을 섬기는 신사 숙녀이다)"이며 이를 바탕으로 서비스를 따뜻하고 진심 어린 인사를 하고, 고객의 이름을 부르고 모든 고객의 요구를 예상하고 충족시키며, 다정한 작별 인사를 한다. 즉 고객의 이름을 부르고 따듯하게 작별을 고한다.

호텔의 서비스를 이야기할 때 빠지지 않는 것은 고객들은 호텔리어들의 품격있는 서비스를 받는다는 것이다. 서비스는 표준이 없으며 형체가 없는 무형으로 인식된다. 아무리 훌륭한 서비스를 제공한다 하더라도 받는 손님들이 불편해하거나 만족하지 못하면 훌륭한 서비스라 말하기 곤란하다.

나는 젊은 시절 20년을 호텔에서 직장생활을 하였다. 경리, 회계업무를 주로 하였지만, 호텔을 이용하는 다양한 고객들과의 만남과 소통을 통해 직원들의 서비스에 대한 평가에 대해 듣게 되고 이를 경영진에게 보고한 후 서비스 교육에 반영하는 역할을 하기도 하였다.

호텔은 객실을 판매하는 객실서비스와 식음료를 판매하는 식음료서비스로 구분할 수 있으며 호텔에 근무하는 모든 직원들은 고객을 응대하는 부서 직원이 아니더라도 항상 몸에 익숙한 서비스 마인드를 가져야 한다.

직장에 근무하며 대학에 시간 강의를 하다 보니 호텔의 총지배인은 가끔 직원 서비스 교육에 강사의 역할을 맡긴다. 나는 서비스 강의 제목을 받는 즐거움보다 주는 행복이 더 크다는 얘기를 많이 했다.

우리가 함께 살아가는 많은 사람들은 음지에서 어려움을 겪으며 힘들게 살아가는 사람들이 있다는 것을 인지하지 못한다. 설령 인지하더라도 직접적인 관심을 갖고 손 내미는 사람들은 그렇게 많지 않은 것이 사실이다.

사회활동을 통해 나는 음지에 살아가는 사람들의 상황을 알게 되었고 매달 호텔리어를 꿈꾸는 학생들과 그들을 찾아 말벗이 되어주고 생필품을 전달했다. 활동이 끝나면 인근 칼국수 집을 찾아 식사를 하면서 간단히 평가회를 했는데 학생들 대부분은 이런 활동을 통해 행복하고 보람되며 독거 어르신들의 삶을 통해 많은 것을 배운다고 한다.

이러한 활동을 통해 얻은 경험이 고객을 응대하는 직원 교육에 활용하였던 것이다. 교육을 받은 직원들의 반응도 좋았던지 어르신들을 찾아가는 날 함께 가고 싶고 활동에 참여하고 싶다는 직원들이 하나둘 늘면서 자원봉사자들이 대학생에서 호텔 직원으로 늘어나게 되었다. 호텔에서 만든 고급 케이크를 전달하고 호텔에서만 맛볼 수 있는 음식들을 만들어 어르신들께 대접하는 일도 있었다.

서비스 교육을 통해 호텔리어들이 나눔을 실천하고 나눔이 얼마나 행복한 일인지를 알게 해준 소중한 시간이다.

호텔리어들이 고객에게 제공하는 무형의 서비스에서 자신의 행복감을 느끼게 되고 훌륭한 서비스, 럭셔리한 서비스는 결국 나눔에서 오는 것이라는 진리를 느끼게 된다.

짝 잃은 단풍잎

가을!

이젠 완전히 가을이구나. 도시 사람들이 다 그렇듯 계절의 감각에 무딘 나이지만 오늘 밤은 피부로 스며드는 가을을 절실히 느끼고 있다. 갖가지 가을의 기운이 고요한 시간을 타고 나의 창가로 흘러와 귓전을 두드린다. 고요하다 못해 무서우리만큼 적막이 깃든다.

서로에게 주어진 삶의 영위를 위해 몸부림치며 발악하던 온갖 아귀다툼도 피곤한 얼굴로 모두 잠들어 버리고, 밤의 작은 별들만이 반짝이며 속삭여 정답고 사랑스럽게 시월의 밤하늘을 수놓고 있다.

가을이면 언제나 나의 머릿속에 생각나는 일이 있다. 가을이 무작정 좋았던 고교 2년 때의 일이 있다. 수업 종이 울리자, 선생님이 들어오셔서

"이 시간은 공부를 안 하고 국군장병께 위문편지를 쓰기로 한다"라고 하시며 엽서를 한 장씩 나누어 주셨다. 엽서를 받은 나는 앞이 캄캄했다. 중학교 때 위문편지를 쓰라고 하면 곧장 옆 친구에게 부탁을 하였고 편지라곤 아예 써본 적이 없었기 때문이다.

글을 못 쓰기로 소문이 나 있는 터라 엽서를 받고 보니 겁부터 났다. 옆 친구에게 부탁하려고 하니 선생님께서 자꾸만 나를 쳐다보시는 것 같았다. 할 수 없이 쓰리라 마음먹었다. 막상 쓰려고 하니 무엇부터 써야 할지 막막하기도 했다.

시간은 점점 가고 선생님은 빨리 쓰라고 독촉을 하시고…. 옆 친구의 서두를 베끼고 무작정 생각나는 대로 적어서 제출하였다.

위문편지를 쓴지 약 한 달이 지난 어느 날 선생님께서 나에게 편지 한 통을 주셨다. 무슨 편지인지 궁금해하면서 겉봉을 뜯어보니 국군 아저씨가 답장을 주신 것이었다.

지금 편지 내용은 기억에 없지만 편지 속에 노란 단풍잎이 한 장 들어있었다는 것과 노란 단풍잎 위에 "믿음"이라는 글이 적혀 있었다는 것을 기억하고 있다. 나는 아저씨께 답장을 보냈다. 그런데 아저씨는 나의 편지를 받으시고 이번에는 "소망"이라는 글이 적힌 단풍잎을 보내주셨다.

그다음 편지에는 '사랑'이라 적힌 노란 단풍잎과 아저씨의 모습이 담긴 사진을 하얀 종이에 싸서 보내주셨다. 노란 단풍잎이 하도 고와서 나는 앨범 속에 넣기로 마음을 먹고 전에 든 편지 속의 단풍잎을 꺼내 보았다.

"믿음", "소망", "사랑"이 적힌 단풍잎들이 다 있어야 할 텐데 "믿음", "사랑"의 단풍잎밖에 보이지 않았다.

짝 잃은 단풍잎을 아저씨의 사진과 함께 나는 앨범 속에 꽂아 두었다.

오랜 시간과 날이 흐름에 따라 나는 아저씨께서 보내주신 노란 단풍잎 위의 "믿음", "소망", "사랑"의 글이 성경 고린도전서 13장 13절이라는 것을 알게 되었다.

노란 단풍잎을 보내주신 아저씨는 신앙생활을 하셨던 것 같았다.

나도 신앙생활을 하면서 고전 13장 13절을 가장 좋아하게 되었고 그리하여 자꾸 외웠다.

가을이 오고 또 아저씨가 생각날 때면, 그리고 노란 단풍잎을 보고 싶을 때면 나는 곧 앨범을 뒤져 아저씨의 사진과 짝 잃은 단풍잎을 본다.

"소망"의 단풍잎, 잃어버린 노란 단풍잎이 잊히지 않고 생각난다.

지금이라도 아저씨와 연락이 닿으면 아저씨께 노란 단풍잎 위에 "소망"이라고 적어 한 장 더 보내달라고 하고 싶다. 그리하여 나의 앨범 속의 짝 잃은 단풍잎에 짝을 지어주고 싶다.

이젠 가을밤도 깊었다.

지금쯤은 코스모스도 싸늘한 밤하늘에 가을밤의 고독을 삼키고 있겠지.

고요한 이 적막의 시간, 모두 모두 잠들어 버리고 가을의 별들만이 반짝이는 이 시간, 나는 잠을 이루지 못하고 노란 단풍잎의 추억을 더듬으면서 책상에 턱을 괴고 상념에 잠겨있다.

열심히 살아가는 사람들

2003년 5월 18일 5.18 광주민주화운동 기념일을 마음속으로 추모하고, 전국 민물낚시 부부대회에 참가하기 위해 새벽 4시에 일어났다. 아무리 깨워도 일어나지 않는 아들(초등 2년)을 떠밀 이하여 대충 준비하고 출발하였다. 생각한 것보다는 날씨가 춥지 않아 다행이었다.

새벽공기를 가르며 달리는 차창 밖은 아직은 어둠이 깔려있다. 아들 녀석은 언제나 제 생각과 눈 앞에 펼쳐지는 것에 대해 뭐든 궁금해한다. 때론 질문이 너무 많아 귀찮다고 생각도 하지만 여간 대견한 것이 아니다. 새벽 차 속에서도 많은 질문이 쏟아졌다. 왜 새벽에 가요?, 일찍 가야 고기가 나와요? 창녕은 어디예요? 부산이에요? 경상도예요?, 나도 잡으면 상 줘요? 등등 질문으로 졸음운전을 할 겨를이 없다.

부산 생활체육 낚시연합회가 주최하는 부부대회 모임 장소인 창녕 오케이 목장에 거의 도착할 즈음에 어둠은 사라지고 근처 저수지 수면의 물안개 피어나는 모양이 또렷이 보인다.

참가자들이 속속 도착하는데 왠지 부러움이 느껴진다. 어제까지 함께 참석하기로 했던 아들 녀석 엄마는 예식장에 꼭 들러야 한다며 불참하겠다고 하여 막상 아들과 참석하였는데 다정한 부부와 가족들이 함께 참가한 모습에 부럽게 느껴진다.

개회식장 앞에 진열된 상품들을 쳐다보며 오늘 일을 내야지 다짐을 해 본다. 추첨을 통해 저수지가 결정되고 버스에 동승하여 대회 장소인 무솔 저수지로 이동을 하였다.

처음 가보는 저수지가 무척이나 궁금하다. 물은 깨끗한지? 씨알은 좋은지? 붕어가 뭘 잘 먹는지? 주위 환경은 어떤지? 아들 녀석만큼이나 궁금하다. 그러한 궁금증은 버스가 저수지에 도착하면서 하나둘 풀렸다.

와! 무솔 저수지가 한눈에 들어왔다. 대충 둘러본 저수지의 풍광은 기대 이상으로 좋았다. 약 3천 평은 될까? 우리 부부, 아니 우리 아들과의 자리를 찾아 내려다본 저수지 수질은 너무도 깨끗했고 이런 곳에서 사는 붕어는 힘도, 씨알도 좋으리라.

그런데 내가 낚싯대를 던져야 할 곳에 수초들이 가득하다. 아무리 찌 맞춤을 하여도 제대로 서주지 않는 찌를 원망도 해보고 추첨을 한 아들 녀석에게 잠시 짜증 섞인 농도 던져본다.

철버덕철버덕 올라오는 옆집 붕어 소리에 신경이 쓰이지만 겨우 자리 잡은 나의 찌에는 움직임에 변화가 없다. 아들 녀석은 자기도 하겠다고 옆에서 방해 작전을 한다.

흐리던 날씨가 이내 강한 햇빛이 되어 시야를 가리고 고기가 잡히지 않아 짜증이 날 즈음 더욱 짜증이 나는 사건(???)이 옆에서 일어나고 있었다.

"안녕하세용, 안녕하세용? 낚시를 어떻게 생각하나요? 뭐 낚시는 심신을… 환경을 보호… 고기를 잡는 것이 목적이 아니라 도시에서 찌든 스트레스…." 마이크를 든 여자와 카메라맨이 낚시 참가자와 열심히 인터뷰를 하는 것이다.

낚시 대회 촬영 왔나 싶어 이해하려는데 뭘 짜 맞추는지 계속하여 "안녕하세요"를 외치는데 짜증스러운 눈길이 찌에서 인터뷰하는 곳으로 자꾸 가게 된다. 어~~찌가 올라온다. 재빨리 낚아채니 아들 고추보다 조금 커 보이는 이쁜 붕어가 빵긋 웃는다.

살림망에 넣을 수가 없어 다시 물속으로 보내준다. "아빠!!!!! 왜 살려줘요?" 아들 녀석의 고함에 그저 웃을 수밖에 없다. 뭐라고 변명할 생각이 나지 않는다. 찌에 열중하는 바람에 아들 녀석이 오랜 시간 기척이 없어 둘러보니 근처에는 안 보인다.

멀리서 아들 녀석이 아까 인터뷰하던 여자와 카메라를 든 남자분과 함께 오고 있다. 인터뷰하는 것이 신기하고 궁금하여 계속 쫓아다녔던 모양이다. 내게로 다가와 아들과 함께 인터뷰하자고 한다.

왜 집사람과 같이 안 왔느냐? 아빠 자랑을 해봐라? 많이 잡았느냐? 이름은? 몇 학년? 등…. 아들 녀석이 무척 좋아한다. 처음 해보는 인터뷰에 쑥스러워하면서도 재미있는 듯 즐거워한다. 아까 다른 사람들 인터뷰하는 것보다 더 오랜 시간이 걸렸다. 주위에서 낚시하는 분들께 미안하다는 생각이 들면서 아까 짜증 냈던 일이 부끄럽게 느껴진다. 몇 번을 시도하여 끝이 났다. 참으로 인터뷰가 이렇게 힘든 일이라고 생각을 하면서 여러 번 실수하는 사람들에게 처음 그 모습, 그 목소리 그대로 몇 번이고 반복하는 리포터와 카메라맨이 참으로 힘들고 어렵겠다고 생각이 된다. 열성적으로 인터뷰하는 분들이 서울 KTV(한국낚시채널)의 김명훈 PD와 이나경 리포터라는 것을 알게 된 것은 인터뷰 후 음료수를 나눠 먹으면서였다.

대회를 마치는 호루라기 소리가 들린다. 계측할 붕어는 없어도 기분이 좋다. 열심히 자기 일에 충실한 사람들을 만나고 저수지 주위의 창녕 마늘재배가 풍년이 될 것이라는 말도, TV에 나올 거라며 즐거워하는 아들 녀석을 보면서 도시의 삶들이 오늘같이 마음속 풍년이었으면 하는 바람을 가져 본다.

이런 날도

참으로 길었던 무더위도 계절의 변화에 밀려 사라지고 높은 하늘이 자주 보이는 계절이 왔다. 추석을 전후로 많은 꾼들이 감성돔을 찾아 수초 속 월척을 찾아 손맛을 즐기고 있으리라 생각된다.

몇 해 동안 우리 주변을 둘러보면 경제의 어려움으로 여유롭게 여가 생활을 하는 분들을 찾아보기 어렵다.

물론 국내가 부족해 해외에 나가 펑펑 카드를 긁는 분들도 계시지만….

자동차 트렁크 속에 낚싯대를 넣고 언제든 출조하겠다는 준비는 하고 있지만, 생각을 실천에 옮기는 것은 쉽지 않다.

며칠 전 사업 일로 많은 스트레스를 받아 새로 생긴 고속도로를 달리는데 멀리서 양어장이 보인다. 꾼이야 물만 봐도 좋으니 차를 그곳으로 몰았다.

저수지 낚시만 고집하여 양어장을 좋아하지 않는 터라 다른 분들이 양어장에 앉아서 낚는 모습을 쳐다보고 있었다.

그중에서도 유난히 짧은 낚싯대로 연신 붕어를 잡아 올리는 분이 있어 한참을 쳐다보았다. 왠지 부럽기도 하고 낚시도 하고 싶고 차 트렁크 안에 있는 낚싯대 한 대를 꺼내 자리를 잡았다.

주위 분들은 계속 잡는데 나의 낚싯대는 소식이 뜸하다. 바닥 채비를 한 나의 낚싯대보다는 중층, 내림 채비를 한 분들이 역시 잘 낚아낸다. 오래도록 바닥낚시만 한 터라 중층, 내림낚시를 할 줄 모른다. 떡밥도 문제인 듯했다.

옆 사람들 잡는 소리가 짜증이 날 즈음, 아까 멋지게 낚시를 하던 분이 다가와

"잘 안 됩니까? 처음 오셨어요?" 나의 채비를 보시곤 내림 낚시를 매어줄 테니 한번 해보란다. 채비를 할 재료가 없다고 하니 자기 채비통을 전부 들고 오셔서 천천히 내림 낚시 매는 법과 챔질하는 방법, 떡밥 개는 법 등을 설명해주신다. 멋진 찌와 매어놓은 낚싯바늘 몇 개를 함께 건네 주신다.

미안하고 죄송하고 고맙고. 첨 보는 사람에게 이렇게 친절히 채비도 주시고 떡밥도 주시고 내림 낚시 재료도 주시고, 비법도 전수해주시고, 뜰채도 빌려주시고. 잠시 배웠지만 내림으로 교체한 나의 낚싯대에도 잦은 입질과 연신 붕어가 걸려 올라온다. 재미있다. 잠시나마 쌓여있던 스트레스가 풀리는 듯하다.

낚시인들끼리는 뭔가 통하는 것이 있나? 이런 좋은 분을 만

나게 될 줄은 상상도 못 했었는데….

낚시를 마치고 그분에게 감사의 인사를 드렸다. 명함을 서로 교환하니 송인화라는 분이다. 주위에서는 송 회장이라고 부르던데…. 그분에 대해 자세히는 알 길이 없었으나 며칠 후 우연히 모 낚시방송을 보니, 나에게 내림 낚시와 재료를 주신 분이 나와 내림 낚시 특강을 하는 모습이 나온다.

역시 그런 분이었구나 하는 마음에 진심으로 감사를 드리고 싶다. 그 이후 시간이 없어 낚시를 하지 못했지만 송 회장님이 나에게 선물로 주신 낚싯줄과 바늘을 매어 내림 낚시를 가르쳐 주신대로 한번 해보고 싶다.

세상은 더불어 살아가는 것이라고 한다. 살면서 좋은 분들을 만날 수 있는 것은 행운이다. 송 회장님을 다시 만나게 되면 가르쳐주신 것에 대한 감사의 커피 한잔 사 드리고 싶다.

티컵 강아지

2000년 초 인터넷을 달군 검색어 중 티컵 강아지가 있었다. 강아지가 그렇게 작을 수가 있을까 생각하며 검색을 해보았다. 너무도 예쁘고 가냘픈 강아지들이 내 눈에 들어왔다.

사진 속에 있는 강아지는 나를 바라보는 듯하다. 강아지 주인이 올린 사진의 강아지는 주인을 찾지 못하고 수많은 댓글만이 달려있다. 왠지 불쌍하다는 생각에 강아지에 내가 관심이 있다는 댓글을 달자마자 강아지 주인에게 곧장 연락이 왔다. 원주에서 고속버스를 타고 부산고속터미널까지 온 강아지를 내 손에 받아 들고 강아지의 이름과 종(푸들)을 알게 되었다.

주인이 명명한 강아지 이름 "네온이" 의미는 모르지만 부르기 편해 나도 그렇게 부르기로 했다.

가족과 상의 없이 결정한 네온이의 출현에 며칠 시달렸지만 네온이의 재롱과 귀여움에 얼마 가지 않아 가족들의 사랑을 독차지하게 되었다. 20여 년 다니던 직장이 파산하여 새로운 사업이 시작부터 힘들어하던 나를 항상 반겨주고 미소짓게 해주던 네온이였다.

오랫동안 해왔던 떠돌이 대학 시간강사를 끝으로 천안에 있는 대학에 임용된 후 나는 조그만 아파트를 얻어 네온이와 7여 년 동안 함께 살았다.

내가 출근하면 홀로 남겨져 외롭게 남겨진 네온이가 안쓰러워 좋은 가족을 만나도록 입양을 결정하여 보낸 적이 있다. 하지만 하루 만에 다시 돌아왔다. 처음 보는 사람이 자기 몸에 손을 대니 으르렁대며 손가락을 물었다고 같이 살 수가 없을 것 같다고 하면서 돌려보냈다. 집으로 돌아온 네온이가 나를 너무 좋아하는 것을 보면서 나의 결정이 잘못됨을 용서를 구하고 끝까지 너를 지켜주겠다고 다짐을 했다.

7년 동안의 생활을 청산하고 내가 태어난 고향에 밭을 조금 구획정리하여 내가 살 집을 지었다. 넓은 공간이 생기게 되고 네온이와 자주 산책도 하게 되고 가족들도 함께 모여 살게 되니 네온이는 더욱 건강하고 밝게 뛰어다니게 되었다.

우리 집을 찾아오는 많은 사람들의 귀여움을 독차지하고 특히 야외 숯불 고기를 굽는 날은 귀찮을 정도로 신나 했고 과식으로 살이 많이 쪄 걸음을 걷는 게 힘들 정도였다.

행복한 시간 뒤에는 언제나 어려운 시간이 오는 것일까? 일 년 전부터 네온이의 몸에 이상이 생기기 시작했다. 푸들 강아지의 아름답고 윤기 나는 털들이 서서히 윤기를 잃어가고 다리에는 털이 나지 않아 걱정이 되어 병원을 찾아가니 몸에는 아무 이상이 없고 단지 노환으로 그런 현상이 있다는 것이다.

네온이를 특히 딸과 아들이 무척이나 좋아했다. 또한 마누라도 네온이가 노환 때문에 변과 오줌을 가리지 못하고 이곳저곳 아무 곳이나 배설을 하는 것을 귀찮아하지 않고 치우는 일을 도맡아 했다. 그러나 네온이는 언제나 나를 향해 꼬리를 흔들며 주인만 찾는 행동에 가족들의 시기를 받기도 하였다.

세월의 흐름에는 인간이나 동물이나 마찬가지인가 보다. 몇 달 전부터는 네온이에게 기저귀를 채웠다. 거실 주방을 가리지 않고 돌아다니며 흔적을 남기는 것에 대응하기 위해 어쩔 수 없는 선택이었다.

사료도 스스로 찾아 먹지 못하고 귀는 들리지 않은 지 오래되었고 눈마저 보이지 않아 소파, 의자, 벽을 머리로 박으며 돌아다닌다.

며칠 전 아침 마누라가 급히 찾는다. 네온이가 이상하단다. 급히 달려가 상태를 보니 발작 증세를 하면서 숨을 쉬는 것이 힘든 모양이다. 어떻게 해줄 수가 없어 온몸을 마사지를 해주니 조금 괜찮아졌다. 딸에게 전화해서 네온이 상태를 얘기하니 울음부터 터트린다.

이제 네온이와 우리 가족이 작별해야 할 시간이 점점 다가옴을 느끼며 딸이 미리 준비한 종이로 만든 관과 삼베옷 등을 챙기며 나도 네온이와의 작별을 위해 추위로 언 땅을 집 앞 큰 소나무 아래 햇빛이 잘 드는 곳에 땅을 파고 반듯한 나무에 비목을 준비하였다.

학교 동료들과 송년회를 마치고 돌아오면서 집에 네온이와 함께 있을 아들에게 전화해서 네온이 상태를 살펴보라 했더니 숨을 쉬지 않는다고 한다. 부지런히 집으로 돌아와 재차 살펴보았지만 이미 숨이 멈추어 있다. 이미 예상을 한 일이지만 눈물이 나도 모르게 흘러내린다. 깨끗한 솜에 알코올을 묻혀 네온이의 몸을 구석구석 깨끗이 씻고 마누라와 아들과 함께 강아지 수의를 입히고 내가 직접 쓴 손편지를 읽어주었다.

이번 생은 강아지로 태어났지만, 다음 생은 나의 아들로 태어나 달라고 함께 했던 18년을 영원히 기억하겠다는 글을 적은 편지를 종이 관에 함께 넣고 봉했다. 아침 일찍 마누라와 아들과 함께 미리 준비해 놓은 곳에 묻어주었다.

비록 말 못 하는 짐승이지만 우리 가족과 함께 건강하게 삶을 살아준 네온이가 고맙고 우리 아들딸들이 성장하는 것과 우리 가족의 웃는 일들과 우는 일들을 지켜보았고 내가 바쁘게 살아온 과정들을 네온이가 증인이 되어주었다.

사랑한다! 네온아! 다음 생은 아빠 아들이 되어다오.

길냥이

집 아래로 보이는 마을은 참 정겨운 동네다. 함께 자라고 뛰어놀던 40여 가구의 집들은 동네 앞 저수지 둑 높이기 사업으로 논이 정리 구획되면서 한 집 두 집 이사하고 이제는 20여 가구만 남아 한눈에 마을이 들어온다.

계절마다 바뀌는 마을의 풍경도 때론 정겹기도 하지만 잡초가 무성하게 자란 빈 집터의 대지를 바라보면 마음 한구석이 허전하다.

가끔 경로당에 행사가 있거나 쉬는 날 동네를 한 바퀴 돌아본다.

우리 마을은 청풍김씨 집성촌으로 많은 집들이 가깝거나 먼 친척들이 살아가고 있다. 만나는 분들이 일가친척이 되는 분들이 많아 아무 집이고 사람이 보이면 다가가 인사하면 종이컵에 커피 한잔 정도는 쉽게 얻어먹을 수 있다.

자식들은 모두 도시로 떠나고 남편은 가족들을 위해 몸을 아끼지 않고 농사일에 여러 가지 질병으로 일찍 돌아가시고 엄마들만이 낡은 집을 수리하고 홀로 살아가시는 분들이 대부분을 차지하고 있다. 길지 않은 골목길을 한참을 걸어도 만나는 사람은 많지 않다.

오랫동안 비어있던 집들이 외지인들에게 팔리고 집들이 새로 건축되어 이곳이 시골인지 도시인지 구분이 안 되어 집들이 조화를 이루지는 않는다. 마을도 많이 변했다. 온 동네를 뛰어다니며 놀던 옛날 마을이 나의 기억 속에서도 점점 희미해져 간다.

마을을 거닐다 보면 꼭 만나는 고양이들. 한두 마리가 아니다. 지나가도 도망가지 않고 손짓을 하면 다가온다. 머리를 쓰담쓰담 해주면 좋은지 계속 내 주위를 떠나지 않는다.

마을과 조금 떨어져 있는 우리 집에는 두더지와 쥐들이 많다. 집안의 강아지와 집 밖의 강아지 키우기가 쉽지 않아 고양이를 키워야 한다는 생각을 하지 않았다.

어느 날 안성에서 고추 농사를 하고 있는 친구가 찾아와 조그만 박스를 내민다. 박스 안에는 태어난 지 얼마 되지 않은 고양이가 있다. 한눈에 봐도 참 잘생긴 녀석이다. 길냥이가 고추 하우스 주변에 새끼를 낳았는데 한 마리 가져왔으니 키워보란다. 안 된다는 말을 하기도 전에 바쁘다고 트럭을 돌려 떠난다.

고양이를 집 안으로 들고 들어가니 집 안 강아지가 짖고 어린 것을 물려고 난리도 아니다. 두 녀석을 같이 있게 할 수 없어 지하 아들이 사용하는 사무실에서 클 때까지 키우고 밖으로 내보내기로 가족들과 상의를 하였다.

동물을 무척이나 좋아하는 딸이 집에 와 고양이를 보곤 고양이 집, 사료와 사료통, 장난감 등을 수시로 사 오고 택배로 보내와 사무실은 어느덧 고양이 터가 되었다.

예쁘게 생긴 고양이 이름도 지었다. 싸인이란 이름이다. 집 안의 강아지 이름이 네온이라 네온싸인을 생각하여 지은 이름이다.

추운 겨울이 지나고 농사철이 되어 밭에서 일을 할 때면 지하 창문을 스스로 열고 밖으로 나와 내 주변에서 야옹거리며 내가 일을 잘하는지 못하는지를 늘 감시하고 있다. 밥과 물을 주고 놀아준 나를 기억해서인지 밭에서 일하는 나에게 자꾸 놀아달라고 발과 다리에 몸을 비빈다. 밭고랑에 앉아 쉴 때면 나의 배 위로 올라와 얼굴을 파묻는다. 제법 성장을 하였지만 멀리는 가질 못하고 집 주위를 맴돌며 가끔은 어린 쥐를 잡아 나에게 물고 와 자랑도 한다. 가족들에게 사랑을 듬뿍 받고 있을 무렵 갑자기 며칠 동안 싸인이가 보이질 않는다. 온 동네를 몇 바퀴를 돌아봐도 찾을 수가 없다. 동네에 살던 대장 길냥이가 며칠 전부터 우리 집 주위를 맴돌더니 물렸는지 알 길이 없지만 싸인이를 보름 동안이나 주변 마을까지 찾고 또 찾았지만 결국 찾지 못하게 되었다. 싸인이가 사라지고 딸은 매일같이 전화해서 꼭 찾아달라고 부탁했지만 안타깝게도 다시 볼 수가 없게 되었다.

얼마 후 집 안에서 키우던 네온이가 노환으로 먼 세상으로 떠나고 가족들이 침울해 있을 때쯤 마을에서 쫓겨왔는지 길냥이 한 마리가 우리 집 주변을 맴돌고 있어 강아지 사료를 주었더니 현관에 터를 잡고 갈 생각을 않는다. 현관문을 열면 언제나 야옹거리며 밥을 달라고 한다. 몇 달째 우리 집을 떠날 생각을 하지 않는다. 싸인이와 네온이가 떠난 곳에 길냥이가 찾아와 주었다. 애교도 부리고 밭을 가면 졸졸 따라와 내 주변에서 논다. 서울에서 직장생활을 하는 딸은 한 달에 한두 번 집을 찾아오면 길냥이부터 찾는다. 어느새 우리 가족이 된 길냥이다. 이름도 싸인이라 지어 주었다. 오늘도 현관에 마련된 집에서 곤하게 잠을 자고 있다. 내일 아침이면 현관문 앞에서 야옹거릴 것이다. 바라건대, 집 안에서 키울 수는 없지만 오래도록 우리 집 주위에서 건강하게 놀았으면 좋겠다. 갑자기 사라지지 않았으면 하는 바람도 가져 본다.

꼭꼭 숨겨 두었던 가방을 꺼내며

겨울밤이 무척이나 길고 외롭게 느껴지는 시간이다.

유튜브를 통해 70~80년대 즐겨들었던 팝 음악을 듣고 있다가 나도 모르게 창고에 꼭꼭 숨겨 놓았던 가방을 꺼내 환한 불빛으로 다가가 먼지가 수북이 쌓인 가방을 열어본다.

봉투가 색이 바랜 오래된 나의 젊은 시절에 받아 모아 두었던 편지들이다.

어렴풋이 기억 속에 있는 필체가 눈에 들어오는 편지를 꺼내 읽어본다. 잘 보이지 않는다.

편지 속 글씨가 너무 작아 돋보기안경을 쓰고 편지를 읽어 본다.

20대 초반에 부산YWCA Y-teen 지도자 때 제자였고 함께 활동했던 대학시험을 앞둔 여고생의 편지다.

바쁘게 살아온 삶 때문일까 아니면 지나온 일들을 외면해서

일까 편지 속 내용은 지금의 나의 생활과 동떨어진 내용으로 가득하다.

손편지를 써본 지가 기억조차 없고 문명의 발전 속에 소중한 사람들과의 짧은 소식만을 전하는 데 익숙해져 버린 까닭이다.

보고 싶다. 이 글을 나에게 써준 소중한 사람이 눈물이 나도록 보고 싶다.

나의 젊음을 그렇게 아끼고 생각해준 소중한 사람은 이 시간 무엇을 하며 살아갈까.

다른 편지를 읽어본다.

고향 동네에 살던 친누나 같은 순이 누님의 글이다.

나의 첫사랑이던 사람과의 이별 이야기가 적혀 있다.

내가 고3 여름방학 때 부산에서 고향 진천에 올라와 사귀게 된 첫사랑과의 관계를 누구보다 많이 알고 계시던 누님이다.

고향에 올라오면 매일 저녁 집 근처 중학교를 올라가는 계단에서 우리는 매일 만나 많은 얘기를 나눴다. 기억해보면 행복했던 소중한 추억이다. 하지만 오랜 사귐에 부모님의 반대에 부딪혀 우리는 헤어짐에 대한 고민을 하던 시기였다. 이 시기에 순이 누님이 첫사랑과 헤어짐에 힘들어하던 나에게 위로의 말을 해준 글이다.

TV에선 스모키의 노래가 흘러나온다. 순간 나의 눈가가 뜨거워진다. 안경을 벗고 천장을 바라본다.

겨울밤은 깊어만 간다. 더 이상 편지들을 읽을 수가 없다. 글씨가 눈에 들어오지 않는다.

수많은 편지들을 하나하나 꺼내 읽어보면 나의 청춘을 소환할 수 있을 것 같다. 아름답고 소중한 기억들을 오래오래 간직하고 싶다.

가방을 닫고 나의 소중한 추억들은 다시 창고 속으로 들어간다.

믹스커피

우리나라 사람들은 커피를 많이 마신다. 현대인들은 커피를 하루에 한 잔 이상 마시지 않고서는 살아갈 수 없다는 듯이 마시고 또 마신다. 주변을 둘러보면 커피를 판매하는 커피숍들이 정말 많이 보인다.

나도 커피를 무척 좋아하고 하루에 5잔 이상을 마시고 생활한다. 책을 읽거나 음악을 듣거나 컴퓨터 작업을 할 때는 홀짝홀짝 마시는 것이 커피다. 아마도 중독이 되었는지도 모른다.

언제부터 커피를 마시기 시작했는지 언제부터 좋아했는지는 잘 모르지만 회사 생활을 하면서 경리업무의 특성상 숫자에 대한 스트레스 때문에 사무실 휴게실에 비치된 믹스커피를 마시면서 쉼을 즐긴 탓일 것이다.

경리 업무를 위해 거의 매일 은행에 나가 입출금을 하는 것이 나의 업무일 때에도 여러 은행을 방문할 때면 대접받아 늘 마시는 것이 종이컵으로 나오는 믹스커피였다. 거래처를 방문하거나 단체 모임을 나가거나 학교의 강의를 나가도 언제든지 쉽게 접대하고 접대받는 것이 종이컵 믹스커피나 자판기 커피이다.

믹스커피는 미국 남북전쟁 당시 군대에 술을 흔하게 지급하게 되었는데 술을 마시면 병사들의 사고가 많아서 술의 보급을 막고 커피로 줬다고 한다. 그런데 군대에 납품했던 업자들이 커피에 모래를 섞어서 보급하다 보니 문제가 생겨서 생두로 보급을 했고 군인들이 밤마다 삼삼오오 모여서 로스팅을 하면서 커피를 마셨다고 한다.

우리가 마시는 인스턴트커피는 1차 세계대전 때 군대에 연유보다 보급이 편한 분유가 만들어졌고 미국의 조지 워싱턴이란 사람이 인스턴트커피를 개발하여 군대에 보급하기 시작했다고 한다.

참호전에 지친 병사들의 마음을 달래면서 군대에 퍼지기 시작했고, 2차 세계대전 때는 동결건조 기술이 만들어지면서 커피와 우유를 동결건조시켜 만든 것이 인스턴트커피 즉 믹스커피가 되었다고 한다.

76년 우리나라 동서식품에서 봉지 하나에 1회 분량을 섞어 넣는 아이디어가 떠올라 1인용 포장 스타일의 커피믹스가 세계 최초로 개발되었고 이 발명은 한국을 빛낸 10가지 발명 중 하나가 되었다고 한다.

초창기 커피믹스는 직사각형이었다가 지금의 막대형으로 바뀌었고, 요즘에는 정수기를 쉽게 볼 수 있기 때문에 커피믹스는 폭발적으로 퍼지게 되었다.

나의 20대 중반에는 집에서 한 시간 이상 시내버스를 타고 출근을 해야 했고 매일 새벽 두시는 되어야 잠을 잤고 다음 날 일어나자마자 출근을 해야 했기 때문에 아침을 거의 먹지 못했다.

출근해서 오전에 금일 자금보고가 끝나면 대학 시간 강의를 위해 정신없이 대학으로 시간에 늦지 않게 움직여야 했다. 강의실에 들어갈 때면 난 항상 자판기의 커피를 들고 들어간다. 목이 아플 때도 있지만 믹스커피를 마셔야 할 수밖에 없는 이유는 아침을 먹지 않아 배가 고팠기 때문이다.

아침 점심을 먹을 시간이 부족해 허기가 밀려올 때면 믹스커피를 마시면 허기가 달래지는 듯하였다. 나의 강의시간에는 언제나 교탁 위에는 종이컵이 놓여있다.

강의 도중 학생이 질문을 한다.

"교수님은 정말 커피를 좋아하시나 봐요? 항상 수업시간에 커피를 마시는 것 같다"며 묻는다. 내가 정말 커피를 좋아서 마시는 것일까? 나 스스로 생각을 해 본다.

새벽까지 잠을 이루지 못하고 책상에 앉아 가끔 일기도 쓰고 가계부도 작성해보고 책도 읽고 강의 준비도 하면서 하루를 마감한다. 커피를 너무 많이 마셔서 잠을 이루지 못해 새벽까지 이런 저런 일들을 하고 있는 것은 아닐까?

성공하는 사람들은 자신을 스스로 관리하면서 습관적으로 하는 것이 있다. 하루 계획은 하루 전날 세우고, 5분도 걸리지 않는 일은 뒤로 미루지 않고 지금 바로 처리하며, 꼼수 또는 지름길을 찾지 않고 자신이 선택한 길을 걸으며, 80%의 결과를 만드는 20%에 집중한다고 하며, 변명, 핑계, 징징대지 않는다고 한다.

사람들은 태어나 성공을 위해 많은 노력들을 한다. 특히 실패가 두려워 도전을 멈추는 경우도 있을 것이다.

세월이 많이 지난 지금 나 자신을 뒤돌아보면 정신없이 하고 싶은 일들을 많이도 했다. 뒤늦은 공부, 취업, 결혼, 자녀, 사업, 사회활동, 농사, 봉사활동 등 나는 일에 대한 욕심이 많았다. 남들이 좋아하고 남들이 하는 일들이 부러우면 나도 따라 했다. 끈기가 부족해서 끝까지 전문가의 길은 가진 못했고 때론 실패의 경험도 많다.

직장 생활을 하면서 이벤트회사를 차려 2년 만에 후배에게 넘기고, 집사람과 주변 지인들의 만류에도 욕심을 부려 IMF 전후에 시작한 비디오 가게와 골프연습장을 거액을 들여 인수하여 운영하면서 적자로 가까운 사람들에게 마음의 상처를 준 일들은 내 인생에 두 번 다시 기억하고 싶지 않은 실패의 경험이었다.

어둠이 깊게 내려앉은 시간이다. 아마 새벽 시간이다. 나의 옆에는 종이컵 대신 도자기로 만들어진 커피잔이 있다. 믹스커피를 마시지 않았으면 좋겠다는 마누라의 말에 원두커피를 마시며 나는 오늘 있었던 일들을 기억하며 일기장에 몇 자 기록을 남긴다.

내일은 겨우내 눈과 찬바람을 견디며 숙면에 들어갔던 블루베리 나무들을 살펴봐야겠다는 생각으로 이불 속으로 들어간다.

취미생활

불혹의 나이가 되면서 나에게는 꿈이 하나 생겼다. 어린 시절부터 나는 수집하는 것에 관심이 많았고 살아오면서 내가 받는 편지, 엽서, 연하장을 지금까지 소중하게 보관하고 있다.

초등학교 때는 친구들과 함께 우체국에 줄을 서서 우표와 초일 봉투를 사서 모으는 일에 몰두하였고 지금도 기념할 만한 우표가 나오면 여지없이 사서 모으고 있다. 젊은 시절에 음악다방에 DJ 일을 한 적이 있다. 오래 하지는 않았지만, 팝송을 즐겨 듣고 조그만 레코드가 가득 찬 공간에서 마이크에 얄팍한 음악 지식으로 DJ 활동을 하면서 내가 좋아하는 비틀즈, 레드 제플린, 프린스, 올리비아 뉴튼존, 비지스 등의 레코드판을 한 장 한 장 사 모았다.

직장생활을 할 때는 월급을 타면 레코드판을 3장을 매월 사겠다는 다짐을 하기도 하여 지금까지 400여 장의 LP판을 가지고 있다.

레코드판에 대한 추억이 생각난다.

89년도 초에 일본 오사카에 친구의 초청으로 여행을 간 적이 있다. 타국에서 살고있는 친구에게 뭘 선물을 할까 고민하다가 레코드판을 선물해야겠다고 생각해서 그 당시 유행했던 국내 가수들 조용필, 최진희, 이문세 등의 LP판을 일본여행에 가져갔다.

처음 일본을 방문하는 나를 친구는 무척 반갑게 맞이해주었고 집에 들어가자마자 레코드판을 선물이라고 내밀었는데 친구는 고맙다며 선물을 풀어볼 생각도 하지 않으며 웃기만 한다. 하루가 지나고 오사카 주변 상가를 방문하고 나서야 친구의 웃음에 대한 궁금증이 풀렸다.

평소에 내가 음악을 좋아한다고 전자상가를 안내하였고 말로만 듣던 진공 앰프로 세팅된 음향기기 앞에서 입이 벌어져 다물지 못했다. 고출력 스피커에서 나오는 소리는 음악다방에서, 집에서 듣던 것과는 전혀 다른 소리였다. 나를 더 깜짝 놀라게 한 것은 일본은 이미 오래전부터 레코드판을 사용해 음악을 듣지 않고 CD를 통해서 음악을 듣는 것이었다. 이런 사실을 인지하지 못하고 레코드판을 선물했으니 친구가 선물을 받고도 웃기만 했던 것을 이해가 된다.

일본에서 돌아올 때 친구가 CD를 선물로 10장을 사 주었다. 앞으로 한국도 음악을 CD로 듣게 될 것이라며 내가 좋아하는 팝송으로 골라서 사 주었다. 입국하는 공항에서 문제가 생겼다. 입국심사과정에서 CD를 10장이나 가져오니 세금을 내야 한다고 한다. 또 내가 CD 장사를 하는 사람이라 생각하고 있는 듯하다. 이렇게 많은 CD를 가져오는 사람이 없었나 보다. 사정 이야기를 했더니 통과시켜 주었다.

어느 날, 호텔 총지배인이 서울 출장을 가게 되면 시간을 내서 사람을 만나보고 오란다. 호텔 경리과에 근무하던 나는 서울의 거래처 여행사들을 한 달에 한 번 정도 방문하여 여신계약서를 작성하고 내려오는 출장을 가곤 했다. 나를 무척이나 아껴주셨던 총지배인은 서른 살이 넘었는데 결혼에 대한 의지가 없다며 서울에 사는 여성과 선을 보고 오란다. 서울에 살고 계신 총지배인 사모님과 같이 코리아나호텔 커피숍으로 갔더니 한 여성이 앉아 있다. 명함을 건네고 서로 인사를 하자 사모님은 두 사람이 좋은 얘기 나누라며 밖으로 나가신다.

무슨 얘기를 어떻게 했는지는 기억이 없지만 대부분 내가 좋아하는 음악 얘기가 전부였다. 얘기 도중에 여성의 눈은 자꾸 옆쪽을 바라보고 있어 물었더니 가족들이 선보러 간다고 같이 나왔다는 것이다. 함께 한식집으로 옮겨 여성 가족들과 식사를 하였다. 식사 비용은 많이 나왔지만 나를 좋게 보신 것 같아 기분은 나쁘지 않았다.

식사 후 가족들은 먼저 가시고 덕수궁 돌담길을 걸으며 소공동 L 백화점에 들러 레코드판을 한 장 선물하였다. 큰 비용은 아니지만 만난 기념으로 선물로 사 준 것이다. 출장을 마치고 출근하니 총지배인이 아침 일찍부터 호출이다. 가족들 식사도 대접하고 여성에게 레코드판을 선물까지 했으니 나도 그 여성이 마음에 들었기 때문이라며 여성 집에서도 마음에 든다고 곧 결혼이 성사될 것같이 얘기하신다.

생각해 보면 그 여성과 몇 번의 편지를 주고받긴 했지만 두 번은 만나지 못했다. 편지가 오고 간 것은 레코드판의 선물 때문이었다. 인연은 이어지지 않았지만, 그 여성은 그림을 그리는 작가가 되었고 좋은 사람과 행복하게 살고 있다고 총지배인 사모님을 통해서 듣게 되었다.

내가 근무하는 호텔 커피숍에 단골로 오시는 지방방송국 아나운서를 알게 되었는데 그분은 나에게 그림에 관심을 가져보란 얘기를 하시며 자신이 방송국 해직되었을 때 문화부 기자 생활을 하면서 구입한 그림을 팔아 해직기간 동안 생활을 할 수 있었다며 미래 재테크를 생각하면 그림에 관심을 가지라는 것이다.

백화점 문화센터의 전시장을 자주 가게 되었고 소품을 한 점 두 점 사기 시작하였다. 그림에 대한 문외한이지만 친한 친구 아기의 돌잔치에는 금반지를 사지 않고 호텔 인근 미술전시장 그림을 사서 선물을 했다. 중학교 은사님의 미술전시장에 갔는데 대형 수국화 액자를 선물로 주신다고 하여 선뜻 받아왔지만 그래도 물감값은 드리는 것이 예의라고 한다. 몇 달 월급을 한 푼도 못 쓰고 지불한 일도 있다. 그래도 그때 은사님께서 주신 수국화는 우리집 거실에 언제나 당당히 걸려있다.

사회생활을 하면서 많은 사람들과 만나고 그림에 재능이 있는 분들과의 사귐으로 그림의 숫자는 날로 늘어가고 있다. 종친회 일로 경기도 이천에 있는 사당에 자주 올라갈 일이 생길 때면 도자기를 전문으로 판매하는 집을 방문하여 보기 좋고 귀하게 보이는 작품들을 하나둘 사기 시작했다.

좋은 도자기들은 작품가격이 너무 높아 쳐다만 볼 뿐 살 수가 없다. 농사지어 판매한 종잣돈으로 도자기를 구입하고 주변 분들이 주신 것들이 집 안 장식장을 다 메워 버렸다.

나의 정년이 코앞으로 다가오고 있다. 내가 그동안 살아오면서 취미 생활로 마련한 우표, 오래된 한국지폐, 외국지폐, 외국동전, 레코드판, CD, 그림, 도자기들을 더 이상 창고에 보관할 수가 없다. 나의 꿈은 내가 오랫동안 취미생활로 모아들였던 애장품들을 전시할 공간을 마련하여 공간의 주인 역할을 할 수 있게 하는 일이다.

식사하는 부부

베이비붐 세대들이 점차 직장에서 은퇴를 하고 있다. 노후에 삶을 걱정하는 사람들이 늘어나고 있고 100세 시대를 맞이하여 연금만을 의지하고 살아가기에는 한계를 느끼는 것 같다. 제2의 직장을 찾는 이들도 있고 창업을 준비한다는 사람들이 주위에 심심치 않게 들려온다.

한편 도시의 생활을 청산하고 고향으로 돌아가 전원주택을 짓고 텃밭을 가꾸는 일을 계획하는 분들도 있을 것이다. 어쩌면 고향으로 돌아가는 것이 은퇴자들의 로망이라고 말하는 사람들도 있다. 도시 생활에 찌든 삶을 정리하고 성장하여 결혼한 자녀들은 분가하였기에 홀가분하게 도시를 떠나고 싶어 한다. 하지만 걸림돌이 있다. 도시에서만 생활하였던 부인들의 반대가 만만치 않을 것이다. 공기 좋고 물도 좋은 시골로 내려가 며칠 머무는 것에는 동의하지만 문화생활에 익숙한 부인들을 설득하는 일이 쉽지 않을 것이다.

도시에서 자라고 학교도 공무원으로 도시 생활에 익숙한 마누라를 내가 태어난 고향으로 가자는 말에 순순히 응하지 않는다. 나의 직장이 천안으로 옮겨지면서 7년 동안 작은 아파트를 전세 얻어 생활해야만 했다. 너무 오랜 시간을 홀로 지내는 것에 대한 외로움이 밀려올 때쯤 결단을 내려야 할 것 같았다. 고향에 집을 지어야겠다는 생각으로 마누라와 오랜 상의 끝에 7년 전 부모님이 물려주신 땅에 집을 지었다. 1년 동안 마누라는 매주 금요일 저녁이면 부산에서 KTX를 타고 올라왔고 주말 저녁에는 내려가는 생활을 1년간이나 지속했다.

그날도 금요일 저녁 KTX역으로 마누라를 데리러 갔다 집으로 돌아오는 차 안에서 얘기한다. 직장을 이곳으로 옮기는 이직 신청을 했다고 한다. 공무원들이 타 지역으로 이직 신청을 하려면 부산과 충청지역에 서로 옮기는 사람이 있어야 가능한데 오랜 시간 기다려도 맞바꿀 사람이 없어 한 직급을 내리는 어려운 결정을 하여 마침내 집에서 차로 한 시간 정도 출근해야 하는 음성군으로 발령이 났다며 부산에서 차에 짐을 가득 싣고 올라왔다.

얼마 후 영농후계자가 되겠다고 농수산대학을 졸업한 아들도 합류하여 혼자 있던 집 안에 온기가 가득하다.

3개월 후에 마누라 직급이 복귀되고 1년쯤 지난 후에 집 근처인 진천군으로 발령을 받게 되었다.

왜 도시를 떠날 생각을 했느냐 물으니 혼자 생활하는 것이 안

쓰럽고 이곳에 와 보니 공기도 좋고 생활하는 데 전혀 문제가 없을 것 같아 결정했다고 한다.

서로가 직장생활로 바쁘게 생활하면서 시골 생활에 적응하게 된 일은 초등학교 친구들과 부부가 함께 식사하는 자리가 마련되고부터이다. 약국을 운영하는 친구와 공무원 생활을 하는 친구와 매달 정기적으로 만나 식사를 하는 모임을 만들게 되었고 친구가 없었던 마누라는 친구 마누라들과 친하게 되면서 이곳에 재미를 느끼게 된 것 같다. 마누라들끼리 만나고 여행도 가고 부부가 함께 만나는 시간이 줄어들기까지 한다.

3년 전에는 한 동네에 새로운 부부가 이사를 왔다. 어릴 적 친구인데 청주에서 활동을 접고 부모님이 살던 집을 리모델링 한 후 이곳으로 이사 온 친구 부부와 고향을 지키며 농사일을 하는 친구 부부가 만나 매일 같이 이 집 저 집을 돌며 함께 식사하고 차 마시고 재미있는 생활로 인해 마누라의 표정이 늘 행복해 보인다.

서로 개인의 생일날과 결혼기념일을 챙겨 함께 식사하는 모임으로 발전하였다.

설날이 다가오자 누구의 아이디어였는지는 생각나지 않지만 만두를 함께 만들어 먹자는 제안으로 오전부터 분주하게 만두피를 사고 김치와 고기를 다지고 두부를 넣고 세 남자가 둘러앉아 만두를 만들고 부엌에서는 만두를 찌고 밤새도록 만두 파티를 하였다. 마누라의 표정을 살펴보았다. 무척 행복해하는 듯 열성적으로 일손을 돕는다.

세 부부는 여행도 함께 떠난다. 함께 식사하는 관계를 넘어 한 가족처럼 생활하고 있다.

여행과 쇼핑을 즐겨 하는 도시 생활에 익숙한 마누라에게 항상 미안한 마음을 가지고 있었으나 함께 정기적으로 식사하는 부부들을 만나 행복해하는 모습에 안도감이 든다.

우리네 삶은 모두에게 주어진 환경이 있게 마련이고 주어진 환경에 적응을 하게 된다면 그곳에서 행복함을 느끼게 되는 것 같다.

갈미봉

천안에 있는 대학에 직장을 구한 후 조그만 아파트에 부산의 가족들과 헤어져 살게 되었다. 한 달에 한 번 정도 가족이 있는 부산으로 주말을 활용해 내려가 부산 강서에 있는 복지관에 자원봉사자로서 활동을 하기도 했다. 가끔은 마누라가 올라오기도 하여 혼자 생활하는 것에 외로움이나 불편함은 없었다. 하지만 방학이 되면 늘 바쁘게 살아온 나에게는 큰 고통이 아닐 수 없다. 혼자 집에서 보내야 하는 시간이 많아 근처에 낚시도 다니고 강의할 책도 쓰고 근처에 있는 고향을 찾아 친구들도 만나고 시간을 보냈지만 매일 출근할 때보다는 혼자 있는 시간이 길어지니 생각이 많아지고 외로움을 많이 느끼게 되니 나에게는 혼자의 시간이 고통으로 다가왔다.

혼자만의 생활에서 변화를 가져와야겠다는 생각을 하면서 인근에 있는 내가 태어나고 초등학교 4학년까지 살았던 고향에 집을 지어야겠다고 마음을 먹었다.

마누라와 오랜 상의를 한 후 마을과 조금 떨어진 밭을 용도 변경하여 2017년 집을 완성하여 천안에서의 7년 동안의 전세 생활을 마감하였다.

고향으로 거처를 옮긴 후 가장 먼저 시작한 것이 농사였다. 부모님께서 물려주신 밭에 태어나 처음으로 감자, 고추, 상추, 고구마 등을 심으며 출근을 하고 주말과 방학을 활용해 농사일을 하고 있다.

오랜 시간이 흘러 마음의 안정과 여유를 찾을 때쯤 우리 집 앞의 풍광들이 눈에 들어온다. 앞에는 논들이 보이고 저수지도 눈에 들어오고 멀리는 겹겹의 봉우리로 둘러싸인 산들이 눈에 들어온다. 우리 집을 찾아오는 친구들과 지인들은 한결같이 경치가 참 좋다는 말을 많이 하곤 한다. 바쁘게 살아온 탓일까? 내 눈에 들어오는 풍광들이 참 좋다는 말에 공감을 하지 못했다.

연말이 되면 많은 사람들이 분주하다. 다사다난했던 해를 마무리해야 하고 희망찬 새해를 맞이하기 위해 계획을 만들고 계획을 실천해야 하는 의무감이 생겨 바쁘다. 우리 가족들도 매년 연말이 되면 한자리에 모여 한해를 뒤돌아보고 새로운 해의 계획을 서로 이야기하는 시간을 갖는다.

가족들 건강하고 행복하길 바라는 덕담을 주고받으며 새해 소망을 이룰 수 있도록 격려도 한다.

서울서 직장을 다니고 있는 딸이 12월 말일에 집에 온다는 말에 밖에서 기다리고 있다가 앞의 산을 바라보았다.

온종일 환하게 밝히던 해가 산을 넘어가려고 한다. 해넘이 중이다. 멀리 보이는 집 앞산의 봉우리는 갈매기가 날개를 펴고 있는 모양을 하고 있어 갈미봉이라 부른다.

몇 년을 살고 있지만 처음 보는 해넘이 광경이다. 해가 갈미봉 봉우리를 거쳐서 사라진다. 이렇게 아름다운 해넘이를 난 본 적이 없다.

우리는 모두 바쁘다. 급하기도 하다. 살아가는 것에 여유가 없어서일까? 하루 종일 하늘을 쳐다보고 구름이 흘러가는 모습을 보지 못하며 살아가고 있다.

강의하랴, 농사지으랴 각종 모임에 맡은 직책을 감당하기 위해 사람들을 만나고 회의하고 식사하고 커피 마시고 바쁜 생활의 연속이다. 무엇을 위해 이렇듯 바쁘게 살아가는 것일까? 하늘 한 번 볼 시간도 없이, 아름다운 집 앞의 해넘이 풍경도 제대로 보지 못하고 살아왔다.

마음의 여유가 필요한 나이가 되었다. 주변도 돌아보고 자신도 돌아봐야 할 나이가 되었다. 나의 입에서 뱉은 말들이 다른 사람에게 상처를 주지는 않았는지, 나의 행동으로 주변 사람들에게 피해를 주지는 않았는지 나의 결정이 가족들을 상심하게 하지 않았는지 새삼 걱정으로 다가온다.

세상에서 가장 무서운 것이 무엇일까? 몇 달 동안 글을 쓰면서 느낀 것은 말을 조심성 있게 해야겠다는 것이고 말보다 더 무서운 것은 무관심이라 생각이 든다.

무관심은 사람이나 말 못 하는 동물이나 나무, 심지어 농작물에도 마찬가지이다. 가족에게 무관심은 상상하는 것 이상으로 무서운 존재로 다가온다. 무관심은 가족뿐 아니라 친구, 동료 등 내가 알고 있는 모든 사람에게 해당된다. 사랑한다. 식사했는지, 어떻게 지냈는지, 건강은 괜찮은지 관심을 가져야 한다. 또한 내 주변의 말 못 하는 동물들에게도 밥을 주고 물을 주고 추운지, 더운지를 늘 관심을 가져야 한다. 특히 농부는 나무나 농작물에 깊은 관심을 가지고 있어야 한다. 영양은 충분한지, 수분은 적당한지, 주위에 풀 때문에 성장을 못 하는지 등 많은 관심을 가지고 있을 때 농부는 대풍을 기대할 수 있다.

딸이 저 멀리서 '아빠' 하며 손을 흔들며 달려온다. 해가 넘어가 점점 어둠이 몰려오는 시간이다. 달려온 딸을 꼭 안아주면서 볼에 뽀뽀를 해준다. 딸도 나의 볼에 입술을 댄다.

딸에게 관심이 많다. 해넘이의 아름다움에도 관심을 가지게 되었다.

Don't Cry For Me Argentina

사람은 가끔씩 자신의 과거에 대해 생각한다. 과거를 통해 현재를 돌아보고 미래를 설계하는 것이 우리 인간의 일상인 것이다.

얼마 전 우리 집도 유행이 되어버린 대형 TV를 구매하였다. 집사람과 전자매장을 방문하여 다양한 컬러와 웅장한 스피커 소리에 매료되어 큰마음 먹고 구매를 결정하게 된 것인데 나와 집사람의 마음을 움직인 결정적인 것은 다양한 채널은 물론이고 유튜브와 넷플릭스를 통해 우리가 좋아하는 음악과 영화를 대형 화면으로 볼 수 있다는 것에 대한 욕구였다.

젊은 시절 팝 음악에 심취되어 LP판을 사서 모으기도 하고 음악다방에서 커피 한 잔 시켜놓고 하루 종일 좋아하는 팝 음악을 신청하여 듣기도 하였고 음악다방 DJ가 너무 하고 싶어 사장님에게 부탁하고 또 부탁하여 다방에 손님이 거의 없는 시간에 DJ 박스 안에 앉아 헤드폰을 쓰고 말은 하지 못한 채 음악만 틀던 추억이 생각난다.

나는 특별히 어떤 장르의 음악만을 좋아하지 않고 닥치는 대로 팝 음악이면 무조건 좋아했던 것 같다. LP판 겉에 있는 아티스트 사진만 보고, 감미롭거나 허스키하거나 고음의 목소리와 빠른 리듬의 드럼 소리, 기타 소리에 매료되어 들고 다니면서 음악을 듣고 가사를 외웠다.

음악다방 DJ박스 안에서 음악을 틀던 나에게 젊은 여성분이 요구르트 한 병과 함께 신청곡을 주문했다. 올리비아 뉴튼존이 부른 Don't Cry For Argentina라는 곡이었다. 그 당시 나는 이 곡을 처음 들었던 것 같다. 애절하면서도 쉽게 따라 부를 수 있을 것만 같은 멜로디가 좋아 거의 매일 손님들이 신청하지 않더라도 내가 듣고 싶어 틀곤 했다. 영어 단어장을 찾으며 가사 내용을 알고 싶었다. 애절한 멜로디 그대로 가사 속에 들어있는 내용이 구슬프다.

이 곡은 영화 "에비타(Evita)" OST로 사용되었으며 아르헨티나의 전설적인 여인 에바 페론(1919~1952)을 위한 노래이다. "아르헨티나여 나를 위해 울지 말아다오" 이 노래는 도시 산업노동자 계급을 위한 인민 민족주의 정치노선, 페론주의의 창시자인 후안 페론의 두 번째 부인인 에바 페론 즉 에비타를 위한 노래이다.

에비타는 사생아로 태어나 어려운 밑바닥 생을 전전하다 연극배우와 라디오 성우를 거쳐, 후안 페론을 만난다. 만난 뒤에는 지나간 이력이 무색할 만큼 아름답고 총명하면서 야심까지 가득

한 페론의 여인이 된다. 1943년 상처하고 독신으로 있던 후안 페론 육군대령과 결혼하면서 페론의 아내로 페론의 정치계 투신과 정치활동에 일조하고 남편이 쿠데타에 연루되어 당국에 체포될 때는 노동자와 노조 단체를 이용해 시위하여 석방시켜 준다.

1946년 마침내 에비타는 그녀가 쌓은 노조와 빈민 노동자 서민 여성들의 전폭적인 지지로 남편 후안 페론 대령을 아르헨티나의 대통령으로 만든다. 이처럼 에비타는 언제나 서민의 편에서 일하고 여러 가지 사회사업으로 빈곤층과 서민의 절대적인 존경을 받는 정치적인 지도자가 되었다. 에바 페론 재단을 설립하여 수천 개의 병원과 학교, 고아원을 세우고 노동자들의 임금을 올려주었다. 에비타는 노동자 계급의 외경스러운 존재였다. 페론 대통령의 임기가 마치고 재선거를 치를 때 유권자들이 에비타를 부통령으로 하며 환호했다. 그러나 그때 그녀는 암 말기로 혼자의 몸으로는 일어설 수도 없었다. 이 신비의 여인 에비타는 1952년 33세의 젊은 나이에 전 국민의 애도 속에서 잠들었다. 그의 장례식은 아르헨티나의 국장으로 거행되었다. 사후에도 아르헨티나 정계에 절대적인 영향을 미친 에비타의 명성은 지속되었고 남편 페론이 55년 쿠데타로 대통령직에서 축출 추방되었으나 정적들은 오히려 신화화된 에비타의 상징성을 더 두려워했다. 이에 당황한 군부는 에비타의 시신을 파내 16년간 이탈리아 등 여기저기 숨겨두자 국내의 페론주의 추종자들이 들고일어나 송환을 요구하자 이에 굴복, 시신을 망명 중이던 남편 페론에게 돌려보내 준다. 그 후 페론은 망명지에서 세 번째로 이사벨과 결혼한다. 부인 이사벨은 에비타 사후 페론을 만나 61년 결혼 후 국내 지지 세력의 등을 업고 귀국한다. 페론은 이사벨과 함께 대통령 부통령선거에 나서서 에비타의 페론주의로 당선된다. 이후 이사벨은 1974년 페론이 죽자 세계 최초로 여성 대통령에 올랐다. 이사벨은 에비타의 신화를 이용 페론과 함께 대통령에 당선되었고 이후에 에비타를 이용하기 위해 유해를 국내로 송환 안치하여 페론 무덤 옆에 안치시키기도 했으나 페론주의에 적대적이었던 신군사혁명위원회는 이사벨을 가두고 가족 묘지로 옮겨 버렸다. 이사벨도 76년 결국 실각, 가택연금을 당하고 81년 스페인으로 망명을 떠남으로써 아르헨티나의 페론시대와 숙명과 순명의 여인 에비타 시대가 막을 내린다.

이 곡의 가사를 보면, "울지 말아요 아르헨티나여, 이상하게 들릴지 모르지만 지금 내 마음을 설명한다는 것이, 모든 것을 이루었는데 아직도 여러분의 사랑이 필요하다면 믿기 힘들 거예요. 여러분 눈에는 예전에 알았던 소녀로만 보이겠죠. 이렇게 멋지게 차려입고 있지만 어리둥절한 마음으로 서 있는 것이랍니다. 난 이렇게 해야 했어요. 변해야 했어요. 평생 밑바닥을 헤맬 수는 없었어요. 어두운 곳에서 창밖만 바라보며 지낼 수는 없었어요. 그래서 난 자유를 선택했어요. 새로운 것을 찾아 이곳저곳 돌아다녔죠. 하지만 어느 것도 내게 감동을 주지 못했어요. 물론 기대도 하지 않았지만…."

대형 TV 유튜브를 통해 올리비아 뉴튼 존이 애절하게 부르는 곡을 들으며 에비타의 삶에 대한 생각과 지나간 나의 청춘이 새록새록 기억나는 여름밤이다.

나의 아저씨

2018년 TV에 방영된 휴먼 드라마 "나의 아저씨"를 본방사수 한 적이 있다. 따뜻한 위로와 위안을 주는 드라마였다. 매주 방송을 기다리고 기다려 본방을 사수해서 16부작을 모두 봤다. 특히 드라마 배경 음악이 너무 좋았고 가사가 나의 마음을 찡하게 하면서 자주 듣고 외웠다.

"고단한 하루 끝에 떨구는 눈물 난 어디를 향해 가는 걸까 아플 만큼 아팠다 생각했는데

아직도 한참 남은 건가 봐 이 넓은 세상에 혼자인 것처럼 아무도 내 맘을 보려 하지 않고

아무도 눈을 감아 보면 내게 보이는 내 모습 지치지 말고 잠시 멈추라고

갤 것 같지 않던 짙은 나의 어둠은 나를 버리면 모두 갤 거라고

웃는 사람들 틈에 이방인처럼 혼자만 모든 걸 잃은 표정 정신없이 한참을 뛰었던 걸까

이제는 너무 멀어진 꿈들 이 오랜 슬픔이 그치기는 할까 언젠가 한 번쯤 따스한 햇살이 내릴까 나는 내가 되고 별은 영원히 빛나고 잠들지 않는 꿈을 꾸고 있어 바보 같은 나는 내가 될 수 없단 걸 눈을 뜨고야 그걸 알게 됐죠. 바보 같은 나는 내가 될 수 없단 걸 눈을 뜨고야 그걸 알게 됐죠. 어떤 날 어떤 시간 어떤 곳에서 나의 작은 세상은 웃어 줄까”

드라마 ‘나의 아저씨’ OST 중 손디아 가수가 부른 ‘어른’의 가사를 외면서 나의 젊은 시절 어렵고 힘들었던 일들이 생각난다. 드라마를 3번 이상 본 것 같다. 볼 때마다 나에게는 감동이고 오랫동안 기억에 남을 좋은 명작이다.

드라마를 본 사람들은 장면장면마다의 엄청난 감동과 함께 평생 기억될 드라마로 꼽히는 수작이라고 평한다. 그래서 안 본 사람 눈에는 평범한 장면일 수 있어도 한 번 본 사람들은 입을 모아 격찬하는 드라마이다.

장면마다의 복합적인 감정에 눈물이 복받치며 감상한 사람들에게 평생 잊을 수 없는 작품으로 기억되는 것이다.

사람들의 고독과 슬픔, 그리고 욕망과 삶에 대한 간절함이라는 이 시대를 살아가는 다양한 세대들의 모습이 그려져 있다. 그리고 과연 ‘어른’이란 어떤 존재인가에 대한 질문을 이 세상에 던

져준 작품이기도 하다. 또한 요즘 젊은이들이 겪고 있는 정규직 이 아닌 계약직의 생활을 적나라하게 보여줌으로써 이 사회에 던지는 의미도 큰 드라마라고 생각한다.

최근에 방영되는 드라마 소재들이 대부분 정치적이고, 살인과 법적투쟁, 권력싸움, 불륜과 이혼 등과 같은 어린이나 청소년들이 보기 부적절하고 어른들도 시청하고 스트레스를 더 받는 소재들의 드라마가 대부분인데 보통의 주연배우 남녀의 관계를 그리면서 부적절한 장면 하나 없이 감동적인 작품을 써 내려간 작가(박해영)에게 존경심을 전하고 싶다.

우리가 지금 살아가는 사회를 둘러보면 먼 나라에는 전쟁이 계속되고 있고 대국들은 경제 패권을 차지하기 위해 총성 없는 전쟁으로 개발도상국이나 후진국들은 물가 폭등으로 신음하고 있으며 금리 인상은 없는 자들의 고통을 주고 있으며 정치는 국민들을 향해 있지 않고 오직 대선의 승리한 자와 패배한 자의 지리한 고소 고발만이 난무하여 피로도를 한없이 높여만 주고 있다. 또한 저출산과 초고령화 사회로 인하여 여기저기서 일할 사람이 없다고 아우성이다.

사람은 희망을 있을 때 살아가고 싶은 의욕도 생기게 된다. 의욕이 생겨야 적극적으로 일을 하게 될 것이다.

세상 사람들은 더불어 살아가야 한다는 평범한 진리 앞에 힘들 때 서로 도우며 격려해주고 함께 지금의 어려움을 극복해야 한다.

나의 아저씨 드라마를 통해 평범한 직장인들이 살아가면서 주는 메시지가 오늘은 특별히 생각나게 한다. TV 리모컨을 들고 지나간 드라마 나의 아저씨를 검색해 본다.

흔적을 남기지 마라

매년 우리 고유의 명절인 중추절이 다가오면 큰 걱정거리가 있다. 우리 집 뒤에는 조상들의 묘지를 모신 선산이 있어 묘지의 벌초를 해야 하는데 4촌, 6촌 가족들이 날짜를 잡아 함께 모여 벌초를 하지만 도시 생활에 익숙한 동생들은 벌초에 쓰이는 예초기를 다룰 줄 모르기 때문에 혼자서 8기 묘지를 예초기 작업을 해야만 하기 때문이다. 하루하고 반나절은 쉬지 않고 작업을 해야 끝을 낼 수 있는 힘든 작업이다. 예초기 작업을 할 때 가장 위험한 것이 예초기 날이 돌에 부딪히면 그 돌이 사람을 향해 날아오기 때문이다. 일 년에 한두 번 예초기 작업을 해야만 추석을 앞두고 비교적 쉽게 작업을 할 수 있다. 일 년 동안 묘지 주변 잔디 위의 잡풀들과 나무들은 엄청 잘 자라기 때문에 두 번에 걸쳐 작업을 한다.

벌초하기로 한 날 아침 일찍부터 도시에서 출발한 승용차들이 속속 도착한다. 명절이나 집안 대소사가 있는 날에 얼굴을 볼 수 있지만 일 년 만에 처음 얼굴을 마주하는 집안 어르신과 동생들이다.

차에서 내리자마자 오늘 일은 자신이 혼자 다 할 것처럼 큰소리치지만 할 일이 없다. 내가 이미 예초기 작업을 다 한 탓에 갈퀴 몇 개만 가지고 산으로 향한다. 먼저 조상들께 술을 올리고 큰절을 마친 다음 동생들이 예초기로 절단한 풀들을 갈퀴로 한곳에 끌어모은다.

정오가 되기 전 작업을 마치고 인근 식당으로 가족들이 옮겨가 백숙과 메기매운탕으로 식사를 하며 소주로 건배를 한다. 가족들 모두 건강하게 잘 살라고. 식사가 끝나면 관행처럼 일 년 동안 걷은 회비와 지출을 보고하고 화기애애하게 담소를 나누면 일 년 집안의 벌초 행사가 끝이 난다.

내년에도 후년에도 우리 가족들은 올해처럼 만나 벌초를 할 것이다. 나 혼자 예초기 작업을 해야 할 시기가 점점 줄어든다. 나의 자식들이 나의 아버지 형제들이 한 것처럼. 내가 하는 것처럼 조상의 묘지를 지속적으로 관리하고 잔디 위의 잡풀들을 깎아 줄 건지에 의문이 생긴다. 몇몇 형제들은 앞으로 펼쳐질 미래를 예단해서 말을 한다. 뿔뿔이 흩어져 있는 묘지들을 한데 모아 관리하자는 의견을 제시한다. 하지만 아버지 형제들은 절대 반대를 하신다. 조상님들이 정해 놓은 묫자리를 함부로 손대는 것이 아니란다. 형제들 자식들을 생각해 보니 아이들이 별로 없다. 그리고 딸 쌍둥이도 있고 딸 하나인 형제들도 있다. 4촌, 6촌들이 나이가 점점 들어가고 우리 선산에는 묘지가 계속 늘어날 것이다. 누군가 결단을 하지 않으면 안 되는 지경에 이르렀다.

형님이 젊은 나이에 세상을 뜨면서 졸지에 장손 역할을 해야 하는 내가 묘지 정리를 해야 하는데 가족들의 눈치를 볼 수밖에 없다.

벌초에 참석한 가족들이 모두 떠나고 아들과 커피 한 잔을 종이컵에 타면서 물어보았다. 네가 오늘 가족들이 벌초하는 것처럼 아빠가 할 수 없을 상황이 발생하면 네가 할 수 있느냐고 물어보았다. "아빠 나 시골에서 평생 살 거 아니야" 한다. 더는 물어볼 말이 생각나지 않는다.

커피가 식어갈 즈음 내가 아들에게 조용히 얘기한다. "아빠가 먼 길을 떠나거든 흔적을 남기지 마라" 아들은 말없이 제 방으로 들어간다.

오랫동안 생각한 것을 말했던 것인데 서운한 생각이 드는 모양이다. TV에서 뉴스가 들려온다. 전국적으로 벌초 때문에 차가 막히고 교통사고로 벌초하고 돌아가던 일가족들이 사상자가 발생했다는 소식도 들리고 벌초하는데 벌에 쏘여 응급실로 갔다는 소식도 들린다. 조상들을 섬기고 묘지를 깨끗하게 벌초해야 하는 일은 후손들이 해야 할 책무지만 TV에서 들리는 소식이 그냥 듣고 흘려버리기에는 생각할 것이 많은 하루이다.

대학에서의 새 출발

승자와 패자

세 가지의 만남

취업에 성공하기

주례서는 날

교수님 영전에

나는 농사가 참 좋다

고추농사

멧돼지의 습격

농사에 아침이 소중한 이유

귀농 귀촌

함께 망하는 농업

풀과의 전쟁

농산물 가격을 깎지 말자

쇠고기 먹고 싶어

3부

교수할래? 농부할래?

대학에서의 새 출발

2008년 많은 시간이 흐른 후에 새로운 출발을 하게 되었다. 호텔과의 인연을 시작한 지 벌써 24년이란 시간이 흘렀건만 대학이라는 울타리 속에서도 호텔전공 교수로 호텔의 인연을 지속하게 되었다.

돌이켜보면 20여 년의 호텔생활, 22년 동안의 대학강의, 3년 동안의 호텔아카데미 운영. 결코 짧지 않은 시간이지만 이런 시간을 뒤로하고 천안이라는 비교적 낯설지 않은 곳에서 새로운 학교와 학생들과 새로운 환경 속에서 새 출발을 하게 되었다. 새 학기 시작과 함께 강의보다는 학사행정 문제로 바쁘게 보낸 대학생활. 힘들지만 뭔가 긍정적인 결과가 보이는 일들을 하기에 몸은 피곤하지만 마음만은 피곤치 않고 흥미와 열정을 가지고 있다.

열정적인 마음 탓에 떨어져 만나지 못하는 사랑하는 아들, 딸, 처…. 가족들의 소식을 들으면서도 보고 싶단 말도 제대로 하지 못한 것이 늘 마음에 걸린다. 부산에서 매달 하는 봉사활동하는 날에 사랑하는 아들, 딸과 함께한다는 생각에 벌써부터 마음이 설렌다.

지나간 시간들을 뒤돌아보면 후회스럽고 나 자신이 실망스러운 일들도 가득하지만 과거보다는 현재가 중요하고 현재보다는 미래가 소중하기에 주어진 일에 최선을 다하고자 마음을 추슬러 본다.

새 학기가 되면 늘 만나는 새로운 얼굴들…. 이 중에 몇 명의 학생들과 봉사활동을 하게 될지, 그들은 어떤 학생들일까 궁금해진다.

새로운 얼굴들을 보면 기뻐하실 할머님들의 모습이 머릿속에 그려진다. 아직도 약봉지를 달고 살아가시는 할머님. 지난달 많이 아파하시며 제대로 말도 못하고 돌아섰는데 지금은 좋아지셨을 할머님.

목소리만으로 누군지 금방 알아주시는 멋쟁이 할머님과 아흔을 넘기시고도 늘 밝은 모습인 할머님. 창밖으로 누군가를 매일 기다리고 계시는 할머님. 추운 겨울 차가운 컨테이너 속에서 겨울나기를 하셨을 할머님. 다행히 최근 날씨가 좋아졌으니, 이제 며칠만 기다려주세요. 손자 손녀 같은 멋진 대학생들과 찾아 뵐게요.

늘 건강하고 함께 참여해주는 학생들 모두 건강하고 주어진 곳에서 최선을 다해 준비하고 계획한 일들의 결과가 긍정적이길 바라며. 하나님의 사랑과 축복이 늘 우리 모두에게 함께하길 기도해본다.

승자와 패자

자기계발서를 자주 읽어보면서 학생들에게 해 줄 말들을 찾아 메모를 한다. 메모한 내용들을 강의할 내용 밑에 적어놓았다가 강의가 지루하거나 학생들이 힘들어하는 모습이 보이면 메모한 내용을 바탕으로 내가 호텔에서 경험했던 일이나 봉사활동을 하면서 느낀 것들을 적절하게 조합하여 얘기를 하곤 한다.

내가 즐겨 읽는 책 속에는 인생의 승자가 되기 위한 다양한 얘기들이 들어있는 경우와 패자의 아픔 경험을 통해 승자가 되는 과정들이 담긴 책들이 대부분을 차지한다.

대학 시절 스승에게 추천받아 감명 깊게 읽은 책이 있는데 지그 지글러의 "정상에서 만납시다"라는 책이다.

책 속에는 미국의 한 셀러리맨이 회사 생활을 하면서 성공을 향해 가는데 계단을 한 계단 한 계단을 밟으며 올라가는 과정을 이야기하면서 진정한 행복과 성공은 정상에 도달하는 희열보다는 정상을 향해 한 계단 한 계단 올라가는 과정에서 느끼는 행복이 진정한 성공의 길이라는 말이 들어있다.

과연 우리는 사회생활 속에서 진정한 승자가 되기 위해 자신들이 행동하고 느끼고 말했던 일들이 진정한 승자 또는 행복이라 말하기 어렵다. 하지만 생각해 보면 인간관계 속에서 승자와 패자를 구분할 수가 있을 것이다.

승자는 자신이 실수했을 때 내가 잘못했다고 말하지만 패자는 너 때문에 이렇게 되었다고 말한다. 승자는 입에서 나오는 말에는 정직함이 가득한 반면, 패자는 입에서 나오는 말은 핑계뿐이다. 승자는 '예'와 '아니요'가 정확하지만 패자는 적당히 어물거린다. 승자는 어린이에게도 겸손하지만 패자는 어른에게도 고개를 숙이지 못한다.

승자는 넘어지면 일어서서 자기의 실수를 인정하지만 패자는 넘어지면 돌부리를 원망한다. 승자는 바쁘게 일하지만 시간에 여유가 있고 패자는 게으르기 때문에 항상 바빠한다. 승자는 하루가 25시간이지만 패자는 24시간이고 승자는 열심히 일하고 유쾌히 놀고 편안히 쉬지만 패자는 허겁지겁 서둘고 빈둥빈둥 놀며 흐지부지 쉰다.

승자는 시간을 관리하지만 패자는 시간에 끌려다닌다. 승자는 시간을 붙잡고 달리나 패자는 시간에 쫓기어 다닌다. 승자는 지는 것을 두려워하지 않지만 패자는 이기는 것을 은근히 두려워한다. 승자는 과정을 위하여 살고 패자는 결과만을 위하여 산다.

승자는 순간마다 성취만을 경험하지만 패자는 영원히 그것을 누리지 못한다.

승자는 구름 위의 태양을 보지만 패자는 구름 속의 비를 본다. 승자는 넘어지면 일어서서 다시 달리지만 패자는 넘어지면 재수 없다고 불평한다. 승자는 문제 속으로 뛰어들지만 패자는 문제의 변두리에서만 맴돈다. 승자는 눈이 쌓이면 길을 만들지만 패자는 눈이 녹기를 기다린다. 승자는 무대 위로 뛰어 올라가나 패자는 객석에서 구경만 한다. 승자는 실패를 거울로 삼고 패자는 성공을 휴지로 삼는다. 승자는 바람을 돛단배의 에너지로 이용하나 패자는 바람을 공포의 신으로 생각한다.

승자는 파도를 타지만 패자는 그 파도에 삼켜진다. 승자는 돈을 다스리지만 패자는 돈을 낭비한다. 승자가 즐겨 쓰는 말은 다시 한번 도전한다는 말이고 패자는 해봐야 별수 없다고 단념하는 말을 한다. 승자는 차라리 용감한 죄인이 되지만 패자는 언제나 비겁한 요행만을 믿는다. 승자는 새벽을 깨우지만 패자는 그 새벽을 늘 기다리기만 한다. 승자는 일곱 번 넘어져도 일어나지만 패자는 쓰러진 그 일곱 번을 낱낱이 후회한다. 승자는 달리고 패자는 항상 출발 거기에서 맴돈다.

미국 최고의 대통령으로 존경받는 에이브러햄 링컨은 가난한 구두 수선공의 아들로 태어나 가난으로 인하여 학교는 9개월밖에 다니지 못하였고 그가 9살 때 어머니가 세상을 떠나게 된다. 실직, 주 의회 의원직 낙선, 사업 실패, 사랑하는 연인마저 사망하고 신경 쇠약에 걸리기도 했으며 국회의원 지명직에 낙선하고 상원의원도 낙선, 부통령 임명 낙선, 또다시 상원의원 낙선을 거쳐 1860년에 대통령직에 당선이 된다.

국민에 의한, 국민을 위한, 국민의 정부를 이야기 한 링컨이다. 훗날 사람들이 그 많은 실패를 어떻게 극복할 수 있었느냐 물으니 그는 "나는 천천히 걸었을 뿐 결코 뒷걸음치지 않았다. 늘 명심하라 실패는 중요치 않다. 중요한 건 당신의 결심, 성공하겠다는 당신의 의지가 중요하다"고 말했다.

우리는 4차 산업혁명 시대를 살아가고 있다. 수많은 ITC 기술을 바탕으로 초과속화(Hyper−Speed), 초지능화(Hyper−Intelligence), 초연결화(Hyper−Connectivity), 초감성화(Hyper−Emotion), 초융합화(Hyper−Fusion), 초고령화(Hyper−Aging) 등 우리가 살아가는 동안에 세상은 엄청나게 빠른 속도로 변하고 있다. 무한 경쟁시대를 살아가는 사람들의 성공에 대한 기회는 더욱 줄어들 것으로 판단되며, 촘촘한 계획과 신속한 행동이 뒷받침되지 않으면 경쟁시대에 승자의 길은 멀고도 험할 것이다.

승자로서 높은 곳에 올라가면 반드시 내려와야 한다는 진리를 깨닫고 자신을 믿고 자신에 대한 무한대의 투자를 통해 한 계단 한 계단 정상을 향해 올라가는 과정에서 행복을 느끼고 실패에 좌절하지 않는 긍정적 마인드를 가지고 전진해야 할 시기이다.

세 가지의 만남

나의 대학 시절 학교 안의 교회 목사님으로부터 들었던 얘기를 대학교수가 되어 학생들에게 늘 말한다.

대학에서의 세 가지의 만남이란 말이다.

나는 요즘 대학생들과 늘 소통을 하는 것 같은데 도무지 속마음을 읽을 수가 없다. MZ세대들의 특징인지는 모르겠으나 개성과 독립심이 강하며 더불어 생활하는 것보다는 혼자 생활하는 것을 자주 목격하게 된다.

내가 대학을 다닐 때의 모습과는 전혀 다른 생각을 하는 세대인 것이다.

나의 대학생활 최고의 목표는 좋은 직장에 취업하는 것이었고 한번 들어간 회사는 평생직장으로 생각하며 다녔다.

하지만 MZ세대의 대학생들과 상담을 해보면 역시 좋은 직장에 취업하는 것이 목표이다. 좋은 직장이란 학생들의 전공에 따라 많이 다르겠지만 공무원, 대기업이나 공기업, 쿠팡, 물류기업, 은행, 언론방송 관련 업체에 취업을 선호하고 있다. 전공과 상관없이 대학을 졸업하면 꿈은 다르게 나타나는 것이다. 내가 속한 관광 관련 전공 학생들은 주로 호텔, 항공사, 여행사, 리조트 분야에 취업하기 위해 전공을 하지만 졸업을 앞둔 시점에는 진로의 변경이 불가피한 듯하다.

현재 우리 사회의 관광 관련 업체들의 인재 구하기가 하늘의 별 따기처럼 힘이 드는 모양이다. 우리 대학과 산학협력을 맺은 관광업체 인사책임자들은 취업할 학생들을 보내달라고 아우성이지만 학생들은 꿈쩍도 안 한다.

최근 몇 년 동안의 코로나19로 인해 우리나라뿐만 아니라 전 세계의 관광산업이 무너져 버렸다. 이런 사태를 알고 있는 젊은이들의 관광산업 기피 현상은 관광 관련 학과의 존폐까지도 걱정해야 하는 것이 현실이니 관광 관련 업체에 취업을 기피 하는 것 또한 당연하다고 생각된다.

자신의 미래를 위해 노력하는 젊은이들이 있는 반면 구체적인 목표를 가지지 못하고 방황하는 젊은이들이 존재한다. 미래는 젊은이들의 특권이기도 하고 우리 사회의 주인공으로 등장할 사람들이다.

대학은 전공에 필요한 학문을 가르치고 학생들의 역량 개발을 위해 다양한 교육 프로그램을 개발하고 운영한다. 사회에 진출하려고 하는 학생들이 자신이 가야 할 길을 찾지 못했을 경우

학생 개인적인 상담을 통해 교수가 활동했던 경험을 바탕으로 진로에 대한 상담을 하게 된다.

많은 학생과의 상담에서 나는 꼭 해주는 말 중 세 가지의 만남에 대해 이야기하곤 한다. 대학에서 첫 번째 만남은 학문과의 만남이다. 우리 사회가 다양화되고 진보하면서 공교육에 대한 커리큘럼이나 시스템도 많이 변화된 것이 사실이지만 고등학교까지의 공부는 주로 선생님들의 주입식 교육이었다면 대학은 학생 스스로 공부를 하고 창의적인 생각을 바탕으로 자신이 추구하는 가치와 적성에 맞는 학업을 하게 된다. 전공강의를 많이 듣고 전문인이 갖추어야 할 역량과 지식을 습득하게 된다.

대학은 공부를 하는 곳이라는 평범한 진리를 깨닫고 자신 스스로 공부하면서 역량을 키우는 곳이 바로 대학에서의 첫 번째 만남인 것이다.

두 번째 만남은 학교 친구들과의 만남이다. 고등학교까지의 친구들은 우정에 비중을 많이 두지만 대학에서의 만남은 이성과의 교제를 통해 영원한 동반자도 만날 수 있고 사업의 파트너가 될 수도 있다. 2년 또는 4년 동안의 캠퍼스 생활을 통해 서로를 이해하고 판단할 수 있는 나이이기 때문에 대학에서 친구를 사귀고 만남은 인생에서도 참으로 중요한 만남일 것이다.

하지만 최근 우리 사회의 현상에서 나타나는 것처럼 많은 친구를 사귀기보다는 한두 명 정도와 친밀한 교우관계를 유지하는 것을 자주 목격하게 된다. 개인적인 성향이 뚜렷하기 때문이다.

예전에 졸업하는 학생들은 졸업 전에 반창회, 동창회 등 소모임을 만들어 졸업 후에도 만남을 이어 갔지만, 최근에는 그런 일들을 볼 수가 없다. 우리 사회는 분명 혼자만이 살아갈 수가 없는 사회이고 더불어 살아가야 하는 사회인데도 말이다.

세 번째의 만남은 교수와의 만남이다. 대학 생활 2년 또는 4년 동안 학생들의 진로에 대한 상담과 역량 개발을 할 수 있도록 교수는 학생에게 끊임없이 도움을 주게 된다.

영국 옥스퍼드대학교는 튜토리얼이라는 교육 프로그램을 운영하고 있다. 튜토리얼 수업이란 교수와 학생 간의 1:1 수업방식이다. 학생 스스로 문제를 해결해야 하나 어려움을 겪고 있을 때 교수가 도움을 주는 학습방법이다.

학교에 다니는 동안 학교는 다양한 교육 프로그램을 진행하면서 개개인의 역량을 끌어올릴 수 있도록 지도하고 조언도 해준다. 학생들이 졸업하게 되면 학생들에게 전화할 기회가 종종 있다. 학교 취업률 조사를 위해 졸업 후 1년 동안 졸업생들의 미취업자 확인과 편입학 상황을 조사하여 취업처에 보고하기도 하고 미취업 학생들에게 취업 정보를 제공하고 취업을 도와주는 상담을 하기도 한다. 하지만 졸업생 가운데 절반가량의 학생들이 교수와의 통화를 원치 않는지 받지도 않고 전화가 걸려오지도 않는다. 답답한 마음에 카톡이나 문자를 남겨도 답변이 없다. 학교 생활하는 동안 학생들과 수업을 하고 가끔은 식사도 하고 학교 프로그램에 교수와 함께 참여함으로써 교수와 학생 간의 사이가 가까워졌다고 생각해 보지만 무슨 이유인지는 모르지만, 졸업을 하고 나면 소통이 되지 않아 답답하다. 교수에게 잘못이 있겠지 생각하며 타 전공 교수와 얘기해보면 역시나 나의 상황과 다르지 않다.

평생의 멘토의 역할을 해 줄 수 있는 교수와의 소중한 만남을 재학 중일 때나 졸업 후에도 지속적으로 이어질 수 있도록 학생들에게 늘 얘기하곤 한다.

세 가지의 만남을 통해 미래를 살아가는 대학생들이 원하고 희망하는 일들에 긍정적인 결과들이 함께 하길 기원해 본다.

취업에 성공하기

21세기가 밝기도 전에 우리 삶에 많은 변화가 일기 시작하였다. 정보화의 눈부신 발달과 스티브 잡스라는 혁신의 대가가 나오면서 아이팟과 인터넷을 핸드폰에 넣어 활용할 수 있게 만든 플랫폼을 통해 페이스북, 인스타그램, 유튜브를 만들어 정보를 빠르게 공유하게 되었고 지구 반대쪽이나 옆 동네에 살고 있는 사람들과 얼굴을 보면서 통화하게 되었다. 참 좋은 세상이다.

최근에는 4차 산업혁명 시대로 무인자동차, 빅데이터, 드론, 사물인터넷 등이 빠르게 발전하였고 인공지능의 급격한 진화는 OPEN AI, 즉 챗-GPT까지 등장하면서 변하는 세상 속에 내가 있는지 세상 속에 내가 변해야 하는지를 판단하기조차 힘들다.

정보화와 인공지능의 발전은 우리가 살고 있는 사회와 직장, 가족, 개인에게도 많은 변화를 가져오게 되었으며 코로나19로 잃어버린 3년 동안 우리는 더불어 살아가는 과정들을 잃어버리고 오직 개인적 성향으로 빠르게 변화되었다.

특히 10대~20대를 지칭하는 MZ세대의 출현은 개인주의와 이기적인 삶이라는 새로운 영역을 구축하고 있다. 여기에 세계적으로 최상위를 차지하는 우리나라의 저출산 문제는 학교와 직장뿐만 아니라 정부의 고민은 더욱 깊은 수렁으로 빠져드는 느낌이다.

러시아와 우크라이나의 전쟁, 그리고 미국과 중국과의 경제 전쟁으로 인하여 소비자 물가와 금리는 하늘 높은 줄 모르게 올라가고 있으며 빈부격차는 점점 벌어지고 있어 모래시계 형태의 소득분포가 되었다.

또한 우리 사회는 대선 이후 여와 야, 보수와 진보의 갈등이 도를 넘어서고 있는 형국이다.

내가 출근하는 대학에는 전공별 지도교수가 배치되어 학생들의 진로와 학교생활 및 다양한 멘토 역할을 하는 평생지도교수 제도가 있다. 특히 졸업을 앞둔 학생들에게 전공에 맞는 취업지도와 취업 알선까지 진행하고 있다. 취업지도를 위해서는 그동안 쌓아놓았던 인맥을 총동원하여 제자들이 좋은 곳에서 오래도록 일하게끔 힘을 쓰게 된다. 특히 관광관련 직종은 코로나19 사태가 일어난 때부터 호텔, 항공, 여행사들은 영업이 되지 않아 근무하고 있는 직원조차 감원해야 하는 판국에 사회에 첫발을 딛는 새내기 사회초년생들을 취업까지 알선하는 일은 결코 쉬운 일이 아니다.

몇 해 전 한동안 연락이 뜸하던 리조트 총지배인으로부터 좋은 학생을 추천해달라는 전화가 왔다. 대기업에서 운영하는 리조트에 근무할 학생을 추천해야겠기에 신중을 기해 학생을 선정한 후 면접에 필요한 조언을 아끼지 않고 지도하였다. 면접을 보았다는 학생의 전화를 받자마자 총지배인에게서 전화가 왔다. 아쉽지만 채용을 할 수가 없다고 한다. 면접에 문제가 있었겠다 싶어 자세한 내용을 확인하자 죄송하고 미안한 생각이 들었다. 면접관들이 여러 가지를 질문하였는데 답변을 제대로 하지 못하자 "학생은 여기 왜 왔나요?"라고 물으니 학생 대답이 "교수님이 그냥 가보라고 해서 왔다"고 답을 해서 "학생은 꿈은 뭔가요?"라고 물으니 "저는 꿈이 없는데요?"라고 답하더라는 것이었다. 연신 총지배인님께 죄송하다는 말을 전하고 전화를 끊었다. 면접을 준비하는 학생을 평생지도교수가 제대로 가르치지 못한 것 같아 자괴감이 든다.

또 다른 학생이 자신의 전공을 살려 취업을 하고 싶다는 상담전화를 받고 곧장 상담을 진행하면서 지난번 실수를 반복하지 않기 위해 철저히 면접에 예상 질문을 준비하고 격려를 하면서 면접에 임하도록 했다. 면접이 끝나고 학생과 인사담당자가 거의 동시에 전화가 왔다. 학생은 면접에서 잘 대답하였다고 기쁨에 가득 찬 목소리로 대답을 한다. 인사담당자는 좋은 학생을 보내줘서 고맙다고 한다.

대기업과 전문가, 외국회사, 항공사, 공무원, 유통관련 직종이 MZ세대들이 취업을 원한다고 한다. 관광을 전공한 학생들이 선택해야 할 곳은 아닌 듯하다. 물론 제자들이 좋은 직장에 취업을 많이 하면 좋겠지만 스스로 자신의 전공을 하였으니 전공관련 업체에 취업을 하는 것이 정상인데 현실은 그렇지 못하다.

기업은 지급하는 월급보다 더 많은 일과 성과를 원한다. 대부분 취업에 성공하는 학생들은 자신이 전공한 직종을 선택하여 차근차근 한 계단 한 계단씩 근무하면서 경험을 통해 경력을 쌓으면 연봉과 직급이 올라가게 되어 이직하지 않는 경우가 대부분이다. 하지만 취업에 실패하는 학생들은 자신의 전공을 살리지 못하거나 전공에 관련된 경험이나 커리어를 쌓지 않고 연봉만을 쫓아가는 경우가 대부분이고 조금 힘들거나 집과 직장의 거리가 있어 출퇴근이 안 되어 기숙사에 근무하게 되면 얼마 가지 않아 퇴사를 하고 만다.

최근 대학에서는 학생들의 전공 직종과 직무에 맞는 역량 강화를 위해 다양한 프로그램을 실시하여 맞춤형 인재를 양성하고 있다. 훌륭한 인재를 양성하기 위해 인성과 역량을 쌓아 미래를 준비하는 학생들이 취업에 성공하는 사람이 되기를 간절히 바라본다.

주례서는 날

2009년 처음으로 제자 결혼식에 주례를 서게 되었다. 함께 부산 강서지역 독거노인을 매달 방문하는 봉사활동에 오랫동안 참석해준 너무 고마운 제자의 결혼식에 영광스럽게도 신랑 신부의 새로운 인생의 출발에 도움이 될 만한 덕담을 한 적이 있다.

2011년 1월 9일 역시 대학 제자로서, 봉사활동을 함께 해준 인연으로 두 번째 주례를 서게 된 것이다. 결혼식 며칠 전부터 고민이 되었다. 두 사람에게 어떤 말을 해줘야 할까? 과연 내가 두 젊은이의 앞날에 필요한 덕담을 해줄 자격이나 되는지, 혹 성스러운 결혼식에 내가 과연 잘할 수 있을까?, 양복과 넥타이, 와이셔츠는 어떤 색으로 할까? 등 많은 일들이 고민으로 다가왔다.

대충 알고는 있지만, 컴퓨터를 통해 결혼식 진행순서, 남의 주례사들을 검색하며 내가 해야 할 애기들을 한 자 한 자 작성해 보았다. 마음에 들지 않아 수정하고 수정했다.

며칠 동안 미뤄왔던 이발을 해야겠다고 20여 년 단골집인 부산 40계단 옆에 있는 이발관을 찾았다. 천안으로 자리를 옮긴 지 3년 만에 찾은지라 주인과 종업원은 무척이나 날 반겨주셨다.

주례를 서야 한다며 부탁한 이발인지라 이발 시간이 평소 시간의 배가 소요되었고 모처럼 여성의 손길을 받으며 면도도 했다.

"아직 젊으신 것 같은데, 요즘은 젊은 분도 많이들 하신다. 제자에게 존경을 받으시니 부탁을 했겠죠"

오랜만에 만난 이발사는 나의 머리를 깎으며 얘기하셨다. 한 달에 한 번 있는 아들과 함께하는 대중목욕탕을 찾아 아들의 등도 밀어주고 제법 힘이 센 아들에게 등도 맡겨보고, 거칠고 험악한 세상 속에 그동안 살아온 마음의 때를 밀듯 평소와 다르게 깨끗이 씻었다.

가끔 찾아가는 단골 옷집을 찾아 순백색의 와이셔츠를 두 벌 구입했다. 이번 학기 졸업생들이 사은회 선물로 준 넥타이를 곱게 싼 포장지를 뜯어 꺼내어 매고 양복과 함께 입었다. 가족들에게 이만하면 괜찮아 보이는지 사전 점검도 해보았다.

거울에 비친 나의 모습을 유심히 바라보니 더 많이 빠진 듯한 머리 모양이 마음에 들지 않았다. 조금씩 변해가는 머리카락의 흰색들이 '나도 이제 반백을 넘게 살았구나, 나이가 많이 들어보이는 구나'라는 생각에 쓴웃음이 나왔다.

나는 늘 젊다고 생각했지만 다른 사람들이 날 쳐다볼 때는 젊게 보지 않겠다는 생각을 해보았다. 갑자기 나의 젊은 시절의 모습들이 스크린되어 지나갔다.

대학 졸업 후, 곧장 사회생활을 시작하여 밤낮으로 쉬지도 못하고 회사에서 일하고, 공부하고, 강의한다고 이곳저곳으로 뛰어다녔다. IMF 외환위기로 내가 다니던 호텔도 견디지 못하고 부도가 나고, 회생을 위해 화의 상태로 박사과정을 공부하고, 강의하고, 매일매일 잠을 줄이며 뛰어다녔다.

2003년 말 결국 20여 년 나의 젊음을 함께 해준 호텔이 최종 부도가 났다. 직장 동료들은 모두가 뿔뿔이 흩어지고, 다행히 나는 그동안 고생한 보람으로 2004년 2월 박사학위를 취득하게 되었다.

회사부도 이후 나의 새로운 직장은 대학강사.

부산에서 서울로, 천안으로 강의를 하러 다녔다. 2008년 현재 근무하는 대학에 들어오기까지 무척이나 힘들고 바쁜 인내의 시간을 보냈던 것 같다. 그 덕분에 긴 방학을 비교적 마음 편하게 보내게 되었다.

혹, 남의 결혼식에 폐가 될까 걱정이 되어 일찍 집을 나섰다. 한 시간이나 일찍 식장에 도착했다. 많은 하객들이 식장으로 들어왔다. 조금씩 긴장이 되었다. 많은 학생 앞에서도 긴장하지 않던 나인데 말이다. 커피를 한 잔 마시고 예식 사회자의 소개로 단상에 올랐다.

천천히 주례자가 해야 할 순서대로 신랑 신부에게 혼인서약도 받고 성혼선언문도 낭독하고, 드디어 주례사를 해야 할 시간

양복 안주머니에서 준비한 원고를 꺼냈다. 펼친 원고가 잘 보이질 않는다.

천천히 참석한 하객분들께 새해 인사와 내가 주례를 서게 된 이유, 즉 신랑 신부와 나와의 만남, 두 젊은이에게 새로운 삶의 출발선에서 해주고 싶은 얘기, 봉사의 마음을 가질 것과 현명하고 지혜로운 판단을 하라는 말을 해주었다.

신랑 신부 하객에게 인사를 시키고 함께 사진을 찍으니 주례자로서의 나의 소임을 마칠 수 있었다.

함께 참석한 제자들이 '제 결혼식 때도 꼭 주례 서주셔야 합니다'라는 말을 듣고, 식사를 하고 식장 밖을 나와 제자들과 커피 한잔을 마시니 긴장감이 풀어졌는지 하품이 나왔다.

교수님 영전에

1989년 8월 석사학위 논문심사를 받는 과정에서 나의 심사를 맡아주신 교수님을 처음 뵐 수 있었다.

시력이 좋지 않으셨는지 쓰고 있던 안경을 이마 위로 올리시고 부족한 논문에 첨삭해야 할 자료를 건네주시던 교수님을 다시 뵙게 된 것은 2001년 박사과정에 등록하면서였다.

몇 년 뵙지 않아서인지 교수님의 머리카락이 많이도 희어지셨던 모습과 왠지 모를 무거움이 얼굴에 가득 차 있던 모습을 기억한다.

박사 선배들의 조언을 들어보면 조사방법론을 강의하시는 교수님의 수업이 제일 어렵고 까다롭다는 말을 많이 들어 걱정을 하며 수강 신청하였다.

하지만 선배들의 말과는 다르게 수업이 재미있고 교수님이 강의하시는 조사방법론은 논문에 실증적 검증을 하기 위해서는 반드시 이해해야 하는 학문이었다. 내가 한 번도 수업을 들어본 적이 없는 과목이라 흥미롭고 새롭게 다가왔다. 열정적인 교수님 강의 덕분에 논문작성이 수월해졌고 다른 연구자들의 논문을 이해할 수 있었다. 학술회의에 참석해 실증적 논문에 대한 결과치를 알 수 있게 되었으며 연구자들과 함께 토론할 수 있는 실력을 습득하게 되었다.

3년간 직장생활을 하면서 박사과정을 통해 교수님과의 학문적 만남은 제 인생의 방향을 결정하는 데 큰 힘이 되기도 하였다. 기억해보면,교수님은 참으로 인간적이셨으며, 주위에 떠돌던 얘기보다는 정이 많으셨고 누구보다도 제자를 사랑하셨으며, 어려운 제자들을 향해 도움을 주시려고 애쓰는 모습을 보여주셨고 학문적으로 부족한 부분을 채워주시려 자신의 몸을 아끼지 않으셨던 분이셨다. 쓸모없어 보이는 종이쪽지라도 버리지 않으시고 꼼꼼히 모아두신 교수님의 연구실은 온통 연구자료로 가득했지만, 그 좁은 공간에서 생활하시면서 연구한 실적들은 우리나라의 관광개발과 관광학에 그 누구도 넘보지 못할 영역을 구축하셨다. 우리나라 관광에 새로운 연구영역이 의료관광이라 믿으시고 연구를 위해 외국을 다니시면서 자료를 모으셨는데 그동안 진행하시던 연구를 마무리 못 하시고 우리 곁을 떠나셨다. 소천하기 전까지 학문적 연구를 위해 밤낮없이 고생하셨는데 안타깝게도 당신의 건강을 챙기지도 못하셨던 것이다. 교수님께서 입원하셨다는 소식을 듣고 곧 쾌유할 것이라 믿었건만 소천하셨다는 소식에 하늘이 무너지는 듯한 충격과 답답함을 견딜 수가 없었고. 천안에서 달려가는 KTX가 왜 그렇게 늦게 달리게 느껴지던지…. 믿을 수 없는 현실이 영안실 영정을 보는 순간 눈물로 다가왔다. 평안한 모습의 사진을 보니 가슴이 답답하고 눈물이 흘러내린다. 교수님의 얼굴을 마지막 뵙기 위해 입관할 때 참석하여 바라본 교수님은 왜 그렇게도 마르셨는지? 불과 몇 달 전에 뵈었던 모습을 찾아볼 수가 없다. 어쩌자고 아직 어린 아들과 딸, 사모님을 험난한 세상 속에 두고 먼저 가셨습니까? 아직 교수님의 학문적 지도를 받아야 할 수많은 제자들을 두고 먼저 가셨어야 했나요? 저희 제자들이 미우셨나요? 아니면 세상 속에 떠도는 말들을 더 이상 듣기 싫으셨나요? 혼자만의 말 못할 고민으로 많은 스트레스를 받으셨을 교수님이 너무도 불쌍합니다. 세상의 그 누가 뭐래도 교수님을 늘 가까이서 뵈었던 저는 잘 알고 있습니다. 교수님은 세상에 존경받아야 할 교수님이란 것을. 교수님께서 태어나시고 참 좋은 곳이라 늘 자랑하셨던 고향 고창 선영으로, 다시 돌아올 수 없는 곳으로 영원한 육신의 안식처로 모셔야 하는 마음은 저를 너무나 슬픔에 빠지게 합니다. 교수님께서 영원한 안식처로 가시는 것이 하늘도 슬펐던지 맑은 하늘인데 비가 내려 흐르는 눈물을 닦아주네요.

사랑하고 존경하는 고 김계섭 교수님!늦게나마 하나님을 영접하여 영원한 천국에 먼저 가셨으니 고단하고 무거운 짐을 내려놓으시고 편히 쉬세요. 이제 더 이상 그 누구도 교수님을 미워하고 시기하고 질투하지 않을 겁니다. 교수님의 잘못된 인식은 학문적으로 열정적이고 내면적으로 제자들을 사랑하셨던 인간적인 모습 앞에 가려졌습니다. 교수님이 이뤄놓으셨던 업적은 저희 제자들이 더욱 계승 발전하도록 하겠습니다. 교수님의 사랑스러운 사모님과 자녀들에게도 많은 애정과 관심을 갖도록 할게요. 부디 하나님 나라에서 평안한 안식을 취하시길 간절히 두 손 모아 제자가 기도드립니다.

나는 농사가 참 좋다

최근 농사는 사람의 힘보다는 농기계의 힘에 의존하는 일이 더 많다. 벼농사는 논을 갈기 전에 써레질을 해야 하는데, 반드시 힘 좋은 트랙터가 있어야 하고, 모를 심을 때는 이양기가 있어야 한다. 벼가 자라면 추비를 해야 하고 병충해를 막기 위해 드론을 이용하여 비료와 농약을 살포하기도 한다. 가을 추수 시기에는 콤바인이 있어야 벼를 수확할 수 있다.

많은 일을 농기계로 하는 것을 보고 농사가 참 쉽다고 말하는 사람도 있다. 하지만 이건 농사를 제대로 알지 못하고 하는 말이다.

5월 중순경에 모를 심고 10월 중순에 수확하려면 농기계는 물론이고 사람의 힘이 필요할 때도 있는데, 바로 벼가 잘 자라도록 논에 물관리를 해주어야 한다. 특히 장마철에는 배수관리가 중요하다. 비가 많이 와서 논에 물이 잠기면 그해 벼농사는 끝장나기 때문이다. 그리고 논두렁의 풀을 깎는 일이다. 예초기를 등에 짧아지고 좁은 논둑에 무성한 잡풀을 벼가 다치지 않게 조심조심해서 수확 때까지 두 번 이상은 깎아 주어야 한다. 혹, 논에 피(잡풀)라도 나면 장화를 신고 들어가 일일이 뽑아줘야만 한다. 결코 쉬운 일이 아니다.

예초기는 농부에게 가장 위험한 농기계이다. 몇 해 전 아로니아 밭에서 예초기 작업을 하다가 대형사고가 났다. 논밭에서 풀을 깎다가 두 번이나 벌집을 건드려 벌에 쏘여 응급실을 찾은 것이다. 벌에 쏘이면 해독제를 맞아도 두 시간 이상 통증을 견뎌내야 한다. 살을 오려내는 듯한 고통은 벌에 쏘여보지 않은 사람은 잘 모른다.

또 한 번은 사월 초파일이 공휴일이라 아들과 함께 아로니아 밭에 풀을 깎기 위해 예초기 작업을 하던 중 사고가 발생했다. 밭에 덮어둔 부직포가 움직이지 않도록 철사로 만든 핀을 꼽아 놓았는데, 예초기 날이 핀을 건드려 철사 핀이 내 정강이뼈에 10cm 정도 박힌 것이다. 고통 소리에 놀란 아들이 달려오더니 “아빠 옷에 피가 흘러요”라고 한다. 예초기의 시동을 끄고 자세히 보니 핀이 뼈에 박혀 피가 흐르고 있다. “아들, 한번 뽑아봐” 아들이 힘을 주어 핀을 뽑아보려 했지만, 꿈쩍도 하지 않아 나와 같이 힘을 주어 힘껏 당기니 그제야 핀이 뽑혔다. 피와 흙 그리고 녹이 묻은 핀을 뽑고 운전하여 진천의 대형병원 응급실로 향했다. 공휴일이라 수술할 의사가 없어 다음 날까지 수술을 기다려야 한다고 입원을 하란다. 마음은 그냥 집으로 가고 싶지만, 파상풍이 염려된다는 말에 입원 절차를 밟았다.

다음 날, 하반신 마취를 하고 수술을 두 시간 동안 받고 일주일 동안 입원한 후 퇴원하였다.

농사일을 하면서 벌 쏘임과 예초기 사고로 인하여 자꾸 응급실로 향하니, 농사를 만류하는 마누라의 잔소리가 더욱 심해졌다.

예초기 사고 후유증은 생각보다 오래가서 거의 일 년 동안 예초기를 들지 않았다. 하지만, 하루가 멀다고 자라나는 잡풀을 제거하고 추석 전에 조상들의 산소를 벌초하기 위해서는 예초기를 사용할 수밖에 없었다.

낮의 더위와 밤의 열대야로 잠을 이루지 못하던 날들이 점점 서늘한 바람에 못 이겨 물러가는 휴일 오후, 몇 해 전 심었던 밤나무에 밤송이들이 하나둘 벌어져 바닥으로 떨어진다. 나무 밑 풀을 헤치며 아이 주먹만 한 밤들을 주워 담는다. 여기도 저기도 밤들이 많이 떨어져 금세 한 바구니를 채웠다. 그만 주워야겠다고 돌아서는데 조금 전 헤집었던 풀 속에서 뱀 한 마리가 혀를 날름거리며 나를 쳐다보고 있다. 깜짝 놀라 들고 있던 밤 바구니를 쏟아버리고 말았다.

시골 생활 중에 나에게 가장 어려운 일은 뱀이다. 너무 무섭다. 그야말로 공포의 대상이다. 매년 수없이 많은 뱀들과 마주치고 나무작대기나 쇠파이프같이 주변에 보이는 것을 들고 두들겨 잡기도 하고 쫓아내기도 한다. 어떤 날은 집 계단 옆 우편함 위에 뱀이 있는 것을 발견하고 우산을 들고 잡아 보려 했지만, 어찌나 빠르게 도망가던지 놓치고 말았다. 이날 이후로 집에 들어갈 때면 항상 우편함을 바라보는 버릇이 생겼다.

밤나무 밑 뱀을 잡아야겠다고 집으로 달려가 고추 말뚝을 들고 밤나무 풀숲을 몇 번이고 헤집고 찾았지만 이내 사라지고 말았다. 쏟아진 밤을 다시 주워 담고 집으로 돌아와 슬리퍼를 신고 있는 내 모습을 발견하고는, 혹 뱀에게 물렸다면 또 응급실을 가야 했을 것을 생각하니 내가 생각해도 어이가 없었다.

이마에 땀은 흐르지만, 가을이 점점 다가오는 듯 하늘이 높게 보이고 구름 한 점 찾아볼 수 없다. 농사를 하면서 겪어야 하는 어려움에 가끔은 무섭고 두렵기도 하지만 나는 농사일이 참 좋다. 땀 흘려 키운 블루베리, 아로니아, 복숭아, 밤나무, 사과나무에서 봄에는 새파란 녹색 잎이 나고 꽃이 피고 여름과 가을에는 변함없이 열매를 수확할 수 있고 땅속에서 자란 감자, 고구마, 고추들과 논에 심은 벼를 수확해 사랑하는 가족들과 지인들과 나눠 먹을 수도 있고 판매를 통해 경제적 도움을 얻을 수 있으니 좋다. 또한 겨우내 몸이 무거워 움직임이 둔해지지만, 농사를 시작하면 몸이 가벼워지고 건강해지는 것 같아 더욱 좋다.

주변에 도시 친구들이 하나둘 은퇴를 했다는 소식이 들려오고 여행과 운동, 그리고 취미활동을 하면서 여유롭게 보낸다고 한다. 나는 여행과 운동, 취미활동을 자유롭게 할 수 없는 상황이지만 맑은 공기와 새벽과 저녁에 마주하는 농작물들과 대화하며 강아지, 길냥이들과 놀아주는 지금이 참 좋다.

고추농사

부산 초등학교 동기 중에는 평생을 고추 농사에 매진하여 수많은 종자 생산과 고춧가루를 전문적으로 생산 판매하는 친구가 있다. 동창회 모임을 통해 농사일에 서로의 관심과 우리 집과 그렇게 멀지 않은 곳에 살고 있어 그 어떤 친구보다 자주 교류하고 있다.

내가 부모님에게 물려받은 땅에 감자와 고구마 작물을 재배하고 있다고 하니 고추 모종을 줄 테니 한번 심어보라 권한다. 동네 어른들께서 늘 하시는 말씀이 고추만큼은 심지 말라는 거였다. 여름 무더운 날에 고추를 따야 하고 고추에 병이 자주 생겨 한 해 농사를 망칠 수 있다는 것이다.

강의 준비와 학교 출근으로 평일에는 수업을 마친 후에 농사일하거나 주말과 휴일을 활용해 밭에 나가 일을 한다. 아직은 초보 농사꾼이라고 한 동네 사는 친구에게 놀림을 받고 있지만 어릴 적부터 시골에서 자라 숙부들 밑에서 배운 지게질, 삽질, 호미질, 낫질은 어느 정도 자신이 있다.

우리나라의 농업은 기후조건과 토양에 따라 심어야 할 작목들이 대부분 구분되어 있다. 최근에는 스마트농법과 하우스 재배를 통해 다양한 농작물들이 생산되고 있고 기후변화와 가뭄과 홍수에 대비하며 풍년 농사와 고소득을 창출하기도 한다.

하우스 재배와 스마트농법을 활용한 농사를 하고 싶지만, 막대한 돈을 투자해야만 하기에 망설이고 있고 전통적인 방법을 선택할 수밖에 없다. 유튜브를 자주 보면서 농사일을 배우고 실천하고 있다.

4월 말경 친구에게 고추 모종 가지고 갈 테니 심을 준비를 하라는 전화가 왔다. 밭에 고추를 심으려면 사전 준비가 필요하다. 우선 작년에 심은 밭고랑의 멀칭 비닐을 벗겨내는 일이다. 겨우내 얼었던 땅이 녹으면 벗겨 내기기 비교적 쉽다. 늦으면 주변에 풀이 나기 시작해 비닐 벗겨내는 일이 결코 만만치 않다. 그다음은 거름을 뿌리는 일이다. 20kg 포대에 들어있는 거름을 수레로 운반하여 뿌린다. 이어서 심을 작물에 따라 다르지만 굼벵이 같은 벌레들을 제거하는 데 필요한 살충제를 뿌려야 한다.

로터리 작업을 통해 심을 작물의 두둑을 만들고 두둑에 풀이 올라오지 못하게 하거나 수분을 오래 지속시키기 위해 검은 비닐을 덮어주게 된다. 그다음은 비닐에 심을 고추 간격에 맞게 구멍을 뚫고 호스를 통해 물을 넣어주고 고추 모종을 심은 후 쓰러지지 않게 흙으로 덮어준다. 고랑에도 풀이 나지 않도록 검은 비닐로 멀칭을 해 주거나 일일이 풀을 뽑아줘야 한다.

고추 모종이 땅속에서 뿌리가 활착하고 위로 성장하게 되면 바람에 고추가 쓰러지지 않도록 두둑에 쇠말뚝이나 나무말뚝을 박고 끈으로 묶어줘야 한다. 고추 성장 크기에 따라 3번 정도 해줘야 한다. 또한 고추는 진딧물과 탄저병 등 다양한 병충해에 쉽게 오염되기 때문에 일주일에 한 번 정도나 비가 오고 그친 후에 반드시 방역해야 한다. 20kg 분무기를 등에 지고 고랑 고랑을 돌며 분사를 해준다.

고추가 잘 성장하도록 고추 모종 주변 비닐 멀칭 구멍을 뚫고 비료를 넣어주어야 빨리 성장하기 때문에 두 번 정도 해주어야만 한다.

이런 작업들이 로터리작업 외에는 모두 손과 몸을 써야 하는 작업들이라 땀을 흘려야 하는 농부들의 수고를 새삼 느끼게 된다.

고추를 심은 지 90일 정도 지나면 고추가 빨갛게 익는다. 이때부터 수확을 해야 한다. 쉽지 않은 작업이지만 수확을 늦출 수가 없다. 아침 일찍이나 해가 지는 저녁에는 수확할 수가 없다. 무더운 태양이 있는 시간에 수확해야 완전히 빨갛게 익은 고추를 식별하여 딸 수 있기 때문이다.

수확한 고추는 깨끗이 물로 세척한 후 고추건조기에 넣고 적정한 온도에 맞추어 3~4일 건조한다. 이런 작업을 10일 정도 간격을 주고 3~5번 반복해야 한 해 고추 농사가 끝이 난다.

하지만, 밭농사는 끝이 났지만 고춧가루를 만드는 일은 아직도 해야 할 일이 남아있다. 건조기에서 꺼낸 말린 고추를 방앗간에 보내기 위해 햇빛에 하루 이틀 적당히 말린 후에 방앗간으로 보내 빻게 된다. 이제야 비로소 내가 농사지은 고춧가루를 손에 들어볼 수가 있다.

한 해의 고추 농사를 뒤돌아보면 어르신분들이 하신 말씀이 생각난다. 고추 농사는 절대 하지 말라는 말이….

멧돼지의 습격

매년 3월이 되면 우리나라 최대의 묘목 시장이 충청북도 옥천에서 열린다. 아침 일찍 옥천으로 향했다. 아직은 찬바람에 차 창문을 열기가 힘들어 히터를 켜야 할 정도로 날씨가 춥다.

고속도로를 쉼 없이 달려 과실나무 축제가 열리는 곳에 도착하니 주차를 할 수 없을 만큼 많은 차량과 사람들로 축제장은 가득하다.

겨우내 얼었던 땅이 녹아서인지 축제장 곳곳이 물로 흥건하다. 운동화에 이미 물에 들어와 양말이 젖어 발이 시리다.

어디서 캐어왔는지 수많은 과실 묘목이 나를 빨리 사 갔으면 하고 찬 바람에 흔들리고 있다. 어떤 과실수에는 이른 꽃이 피어 추위에 떨고 있는 것이 애처롭기까지 하다.

처음 고향에 돌아왔을 때 밭과 산에 심은 앵두, 자두, 복숭아, 대추, 매실나무들은 거름을 많이 준 탓에 무럭무럭 자라 봄에 꽃이 아름답게 피고 열매가 달려 수확도 해보았다. 농사일에 경험이 없는 나에게 열매는 먹을 수가 없을 정도로 형편이 없다. 내가 수확한 과일은 이미 맛보기도 전에 벌레들이 시식하여 먹을 수가 없다.

함께 어릴 적 한동네에서 자란 친구의 조언을 들어보면 모든 과실나무는 좋은 열매를 얻기 위해서는 농약을 많이 살포해야 한다는 것이다. 실패한 경험을 성공으로 만들겠다는 다짐으로 밭 일부분을 과실수를 심으려고 만반의 준비를 하였다.

묘목상의 조언을 듣고 복숭아 묘목 서른 그루를 구입하여 집에 돌아오자마자 삽과 어린나무를 들고 밭으로 달려가 한 그루, 한 그루 정성을 다해 심고 또 심었다.

초여름 무더운 날씨에 밭에 심은 복숭아나무를 살펴보니 내가 생각한 것보다 훨씬 크게 자라고 있다. 어떤 나무에는 성급하게 열매가 달린 것도 보인다. 어린나무에 열매가 달리면 성장이 늦어진다는 것을 들어서 알고 있어 일일이 조그마하게 달린 열매들을 따 주었다. 나중에 알게 된 것이지만 적과라는 것을 한 것이다.

한 해가 속절없이 빠르게 지나가고 따스한 봄기운에 밭 주위는 수많은 이름 모를 풀들이 자라고 가끔 내가 유일하게 알고 있는 냉이도 먹을 수 없을 정도로 자라있다. 작년에 심은 복숭아밭으로 가보니 나무에는 이쁘게 꽃이 만발하여 핸드폰으로 사진을 찍어야겠다고 생각할 정도이다.

유난히 복숭아나무는 성장이 빠르다. 겨울에는 나무가 잠을 잔다고 한다. 하지만 땅속의 뿌리는 영양분을 섭취하면서 땅속으로 깊이깊이 뿌리를 내린다. 작년 가을에 나무마다 퇴비를 많이 넣어준 결과가 성장이 빠르게 된 것이다.

복숭아나무의 꽃들은 보기에는 아름답지만 좋은 과일을 맺는 데에는 도움이 되지 않는다. 좋은 열매와 큰 열매를 맺기 위해서 적화를 해야 한다. 과일을 달기 전에 과일이 안 달리는 부분의 꽃을 따주어야 나무가 과일에 좀 더 힘을 쓸 수 있기 때문이다.

서른 그루에 핀 꽃들을 하나하나 적화를 해 주었다. 힘든 작업이지만 맛있는 과일을 수확하여 치매로 아들도 알아보지 못하는 어머니께 드려야 한다는 생각과 학교 일로 많은 시간을 농사일에 매진할 수 없어 도움을 주는 사람들과 나눠 먹겠다는 생각에 힘든 줄도 모르고 작업을 한다.

6월 중순 복숭아나무에 탐스러운 복숭아들이 달려있다. 저독성 농약을 몇 차례 살포해서인지 겉으로 보이는 열매들은 곧 수확하여 판매도 가능할 것 같은 착각을 준다.

내가 심은 복숭아는 일명, 딱딱이 복숭아인데 겉과 속이 단단하여 맛도 좋고 씹는 식감이 좋아 많은 사람이 좋아하는 과일이다.

낙과하는 열매들도 있고 열매가 많이 달려 가지가 땅까지 늘어진 것도 많다. 끈으로 나무와 나무를 묶어주며 어서 빨리 자라 튼실한 열매를 수확하는 바람으로 정성을 쏟는다.

오랫동안 가뭄이 지속되어 농부들은 하늘만 쳐다보고 있을 때 장마가 시작되어 일주일 동안이나 세차게 비가 내린다. 가뭄이 해소되어 기쁘고 농작물들의 우유인 양 밭에 심은 상추, 고추, 가지들도 무럭무럭 자라고 있다.

산 옆에 있는 복숭아밭으로 가보니 눈 앞에 펼쳐진 광경은 주저앉고 싶은 마음뿐이다. 불과 일주일 전까지만 해도 탐스럽게 열려있던 복숭아들은 온데간데없고 온통 나무들이 찢기고 뽑혀 있는 것들도 있다. 멧돼지들이 산에서 내려와 아직은 어린나무에 달린 탐스럽고 맛있는 복숭아 열매를 전부 먹어치운 것이다. 밭 주위는 온통 멧돼지 발자국으로 가득하다.

아무리 둘러봐도 서른 그루의 나무에 과일이 하나도 없다.

전화로 처와 친구를 밭으로 불러 밭의 참사를 보게 하였다. 처와 친구도 눈앞에 펼쳐져 있는 것을 목격하고 나를 위로한다. 위로의 말이 귀에 들어오지 않는다.

탐스럽고 맛난 복숭아를 처음 수확하여 아들도 알아보지 못하는 어머니에게 보내겠다는 나의 생각과 행동이 물거품이 되어 버린 것이다.

멧돼지들이 원망스럽고 치가 떨린다. 일 년 농사 수확을 불과 일주일도 안 되어 멧돼지에게 몽땅 빼앗겨 버린 마음을 누가 위로해준다고 될 일이 아니다.

산과 들이 온통 녹색으로 변하면 산에서 내려오는 멧돼지를 쉽게 마주치게 된다. 옆 동네 포수가 신고를 받고 달려오지만 영리한 멧돼지는 쉽게 잡히지 않는다. 작년에는 동네 어르신이 멧돼지에 물려 입원했다는 얘기도 들린다. 한 해 농사를 망치는 멧돼지가 가뭄, 홍수, 태풍보다 무섭다.

소 잃고 외양간을 고친다는 속담처럼 멧돼지에게 더 이상 빼앗길 수 없어 밭 주변에 쇠 파이프를 박고 철망을 씌워 단단히 고정했다.

멧돼지의 습격으로 한 해 복숭아 농사를 망쳤지만 농사에 경험이 없는 나에게 새로운 경험을 하게 해준 것에 만족하며 허탈한 웃음을 지어 본다.

농사에 아침이 소중한 이유

사람이 가질 수 있는 시간, 공간, 물자, 돈의 네 가지 자산 가운데 가장 평등하게 주어진 것은 시간이란 말이 있다. 시간은 가진 자와 없는 자, 남녀노소 구분 없이 하루 24시간이 공평하게 주어진다. 이것은 인간에게 주어진 가장 큰 자본이다.

사람에게 주어진 시간은 어떻게 관리하느냐에 따라 삶의 질이 변하게 된다.

미국의 태프트 대학의 어네스트 허트만 교수는 수면시간과 성격을 비교 연구했는데 그 내용이 흥미롭다. 즉, 하루 수면이 6시간 이하의 사람은 정력적, 야심적, 외향적이며 결단력과 처세술이 좋고 불평불만을 적게 하는 반면, 수면시간이 하루 9시간 이상인 사람은 내향적이고 우울증세가 있으며 체력이 허약하고 정신의 안정도가 낮고, 협조성이 부족하며, 정치사회 문제에 비판적이고, 사물에 대해 구질구질한 생각을 한다고 했다.

허트만 교수의 연구를 그대로 받아들이면 일찍 일어난다는 것은 성격개조에 결정적인 계기가 될 수 있을 것 같다.

일찍 일어난다는 것은 습관이라 할 수 있다. 본인의 의지력만 있으면 잠을 줄일 수 있고 그것이 습관화되면 어려울 것이 없다.

농사일에 종사하는 사람들은 대개 아침 아니 새벽부터 일을 하고 낮에는 쉬고 해질녘에 일을 해야 한다고 한다. 주변에 오랫동안 농사일을 하는 분들을 보면, 저녁 일찍 잠을 자고 새벽 4시경에 일어나 밭이나 들로 나가 일을 한다.

이유는 간단하다. 예로부터 농사일은 3월부터 시작하여 10월 말이 되면 끝난다. 씨 뿌리고 수확까지 일을 마치는 것이다. 뿌린 씨앗에 잎이 나고 성장하는 기간이 5월부터 8월 말까지가 된다. 이때는 낮에 내리쬐는 태양 때문에 밖에 나가 일하는 것이 힘들기 때문이다.

새벽부터 부지런한 농부의 밭과 아침 늦게 일어난 농부의 밭은 분명 다르고 수확량이 확연히 차이가 있다.

농작물은 농부의 발걸음 소리를 들으며 성장한다는 말도 있다.

현대그룹을 창업한 고 정주영 회장도 새벽에 일찍 일어난다고 했다. 아침 일찍 일어나는 이유는 해야 할 일이 있기 때문이란 아주 간단한 이유였지만 의미가 크다고 할 수 있다.

즉. 잠을 자기 전에 내일 해야 할 일을 생각하고 그 생각한 것을 실행에 옮기기 위해서는 새벽에 일찍 일어나는 수밖에 없는 것이다.

아침이 변하면 인생이 변한다. 풍년을 만든 사람은 아침을 잡는 농부이고 흉년을 만든 사람은 아침을 잃은 농부이다.

귀농 귀촌

우리나라 전국 229개 기초 지자체 중 골든타임 트라이앵글이 '미흡'이거나 '매우 미흡'인 곳은 118곳(51.1%)에 달한다. 골든타임이란 소방 5분, 경찰 5분, 응급의료 15분을 말한다. 골든타임 안에 출동해 줄 수 없는 인구가 해당 지자체의 50% 이상이면 '미흡'이고, 80% 이상이면 '매우 미흡'이다. 절반이 넘는 도시가 애초부터 소방, 경찰, 응급의료의 위험이 발생해도 골든타임을 지킬 수 없는 환경에 놓인 것이다. 지방 소멸 위기의 한 단면이다.

도시의 가장 기본적인 인프라도 제 기능을 못 하는 상황에서 오랜 기간 살아온 고령의 토박이가 아니고서야 더 안전하고 편리한 곳으로 떠나는 것은 너무도 당연하다. 특히 진학, 취업을 위한 젊은 층의 이탈은 점점 가속화되어 아기 울음소리를 들을 수가 없다고 한다.

반대로 사람들이 몰리는 수도권은 인구가 늘어나면서 고밀도라는 또 다른 문제에 봉착한다. 제한된 공간에 사람이 몰리니 도시의 물가는 상승하고 주택문제, 교통체증, 에너지 비효율의 문제뿐만 아니라 빈부격차, 이기적인 생활 등 수 많은 문제점을 야기하게 된다.

인구 블랙홀이란 말이 있다. 도시의 확장과 광역 간 연결성의 강화로 인해 사람들은 농촌에서 도시로, 작은 도시에서 큰 도시로 인구가 옮겨가게 되고 특정 대도시가 주변 소도시의 인구를 빨아들이는 현상을 인구 블랙홀 현상이라 한다.

이렇듯 대도시에 인구가 밀집되면 소멸도시는 급증할 것이고 소도시에 사는 사람들은 더욱 궁핍해지고 균형 발전은 더욱 어려워질 것이다.

소멸 위험 도시를 들여다보면 20~39세의 인구 비중이 65세 이상 노인 인구 비중의 절반이 되지 않는다. 우리나라 대부분 수도권과 광역도시들을 제외한 모든 지역의 소도시들이 소멸 위함 도시로 진단을 받았을 정도이다.

빠르게 번져가는 소멸도시 지도를 보면 심각성을 느끼게 될 것이며 심각성을 느끼거나 이미 소멸도시화된 지역들은 소멸위기를 극복하기 위해 다양한 인구 유입 정책, 인구 정착 정책을 쏟아내고 있지만 쉽게 해결되고 극복하기 어려운 과제이다.

소멸도시를 민관산학이 협력하여 이를 극복한 도시들은 모범 사례라고 적극 홍보에 열을 올리고 있지만 지속적으로 청년들을 정착시키기 위한 지원, 스마트 농업 활성화, 관광인프라 구축,

스타트업 창업 지원 등은 모두 막대한 자금이 들어가는 정책으로 연속적이고 지속적 지원에는 한계가 있을 것이다.

귀농 귀촌은 장기적인 관점에서 소멸도시가 반드시 고려해야 할 정책이다. 막대한 예산을 투자하지 않고도 초고령화 사회에 진입한 우리나라는 베이비붐 세대들의 은퇴시기와 맞물려 도시의 아파트 생활에 대한 피로감. 높은 관리비와 세금, 공해, 교통체증 등 대도시에서의 생활을 접고 한적한 지방으로 삶의 터전을 옮기려는 사람들이 늘어나고 있다.

귀농 귀촌은 소멸도시의 폐가나 집을 지을 수 있는 터를 확보해 정보를 제공할 수 있는 시스템을 구축하고 전문 상담 인력을 배치하여 신속하고도 정확한 정보를 제공하는 것이 중요할 것이다. 귀농이나 귀촌을 생각하는 사람들에게 성공적인 정착을 할 수 있도록 관에서 각종 규제를 완화하는 것이 무엇보다 중요하다.

최근 농촌에서 살아보기와 같은 정책과 프로그램은 좋은 본보기가 되고 있다. 귀농 귀촌은 단기적인 관점에서 볼 것이 아니다. 귀농 귀촌에는 가족들의 동의와 자금문제, 도시 인프라, 지역민과의 융화, 정착해서 해야 할 일들을 고려해야 하기 때문에 시간이 오래 걸리는 문제이다.

농촌의 장점은 무수히 많다. 우선 꼽을 수 있는 것은 공기와 물이 좋고 산이 인근에 있어 힐링과 운동을 할 수 있는 여건이 되고 교통체증이 없으며 에너지 비용이나 관리비가 도시보다는 훨씬 적게 든다. 또한 스스로 농작물을 키워 자급할 수 있고 다양한 취미활동을 통해 지역민들과의 소통을 쉽게 할 수 있는 장점들이 많다. 농촌은 일손이 많이 부족하여 정년을 넘기고도 수입을 올릴 수 있는 일들이 많이 있다.

굳이 농사를 하지 않아도 소자본으로 농업에 관련된 창업도 고려해 볼 수 있다. 소도시에는 관에서 운영하는 기술센터들이 있어 각종 교육, 전문가 컨설팅, 농기계 대여, 체험 등을 통해 지원을 얼마든지 받을 수가 있다.

가장 큰 장점은 농업에는 정년이 없다는 것이다.

도시에서 은퇴한 친구들이 가끔 전화가 온다. “농촌 생활에 힘들지는 않으냐”라며 걱정스러운 말투다. 전화기를 붙들고 장시간 떠들어댄다. “부럽다 나도 내려가고 싶다”로 결론이 난다.

함께 망하는 농업

정확하게 기억은 나지 않지만, 우리나라에 광풍을 몰고 온 사업들이 있다. 실내 낚시터 붐이 일어 도심 곳곳의 건물마다 생겼고, 도심 공터마다 야구연습장들이 우후죽순 생겨난 적이 있다. 또한 일본의 구슬치기 게임과 유사한 오락실이 넘쳐나고 집 근처 건물에는 비디오 가게와 만화방이 넘치던 시절이 있었다. 이런 사업들은 오랫동안 영업 활동을 하지 못하고 폐업하기 일쑤였다. 비디오 가게만이 시대의 흐름에 뒤안길로 서서히 없어진 업종이지만 실내 낚시터와 야구연습장, 오락실은 한때 반짝 유행에 힘입어 너도나도 잘될 것이란 믿음으로 사업을 시작하다가 먼저 개업한 순서대로 폐업하게 된 업종들이다.

우리나라 사람들은 대부분 남이 잘되는 꼴을 보지 못한다는 말이 있을 정도로 남들이 좋은 아이디어나 아이템을 개발하여 사업을 하면 쉽게 모방하고 같은 업종에 수많은 경쟁자가 등장하여 함께 몰락하는 경우를 보게 된다.

몇 해 전 우리나라 농업 분야에도 이런 사례가 발생한 적이 있다. 나 역시도 주변에서 대박 날 것이라는 말만 듣고 아로니아(블랙초크베리) 재배 경쟁에 뛰어들었지만, 지금은 규모를 축소하여 농사를 짓고 있다.

내가 아로니아를 알게 된 시점은 이미 전국적으로 많은 과일을 생산하던 농부들이 기존 과실수를 뽑고 돈이 된다는 말에 너도나도 아로니아를 식재하던 시기이다. 1년생 묘목을 비싸게 구입하여 심은 지 3년 만에 열매를 수확하는, 비교적 누구나 쉽게 나무를 관리하고 키울 수 있는 나무가 아로니아였다. 3년 만에 4,000그루의 나무에서 열매가 탐스럽게 달려 많은 사람들이 열매를 구매하였고 TV홈쇼핑도 시간 시간마다 아로니아 홍보에 열을 올리던 시기에 1kg에 2만 원에 판매가 이루어져 판매 첫해에 무척 재미를 보았었다. 그때 전국에 아로니아를 식재하였거나 앞으로 식재할 농사꾼들이 모여 전국 아로니아생산자협회를 만들어 회장을 맡아 활발한 활동을 하였다. 매달 전국에서 모인 70여 명이 청주의 한 식당에 모여 아로니아 생산방법, 포장방법, 판매방법, 저장방법, 가공방법 등 다양한 연구를 하였고 SNS BAND를 만들어 회원 간의 소통도 활발하게 진행하였다. 모두가 아로니아로 곧 부자가 될 것 같은 꿈을 가지고 열심히 매달렸던 것이다.

충북의 한 지자체는 군 지역 전체에 아로니아를 식재하도록 지원을 하기도 하였다. 나 역시도 강의 시간을 제외하고 많은 시간을 아로니아 생산과 판매에 매진하였다.

희망에 부풀어 있었고 1년이란 시간이 흐른 후 상황이 바뀌게 되는 것을 조금씩 느끼게 되었다. 작년 1kg 2만 원 하던 열매 가격이 1만 원대로 떨어졌다. 수확하여 판매한 금액과 인건비와 포장비, 택배비와 같아지는 것을 확인하는 순간 앞이 캄캄해졌고 협회 회원들의 전화가 빗발쳐 울려댄다. 어떻게 1년 만에 가격이 폭락할 수 있느냐 하는 것이다. 전국적으로 아로니아 열풍이 불면서 80만 농가가 식재를 하였으니 공급이 넘쳐 수요가 따라가지 못하였고 열매의 성분에는 문제가 없으나 생과로 먹기에는 떫고 껍질이 단단해 식감이 없어 소비자들이 구매에 점점 열기가 식게 된 것이다.

또다시 1년이 흐른 시점에는 아예 아로니아를 구매하겠다는 사람들이 없어지면서 나무를 뽑아버렸다는 소식이 여기저기서 들려온다. 협회의 회장으로서 어려움을 헤쳐나갈 다양한 방법을 모색하고 사업을 추진하였지만, 소비자가 없는 제품에 대한 생산자들의 열정도 떨어지면서 회의에 참석하는 회원이 절반도 되지 않았다.

나 역시도 마음의 결정을 해야만 했다. 식재한 나무의 2/3를 뽑아냈다. 5년 이상 정성을 다해 가꾸어온 나무들을 포클레인으로 한 그루 한 그루 뽑아버렸다.

도시에서만 과잉중복 투자가 있는 줄만 알았다. 농업을 처음 시작한 나에게는 큰 충격으로 다가왔다. 유산으로 물려받은 밭에 식재하였고 초기 묘목 값에 대한 비용은 몇 년간 생과와 가공품을 판매하여 큰 손해를 보지는 않았지만, 전문가나 미래 농업에 대한 철저한 대비 없이 남의 말만 듣고 실행한 나의 잘못이 크다. 근처의 지자체에서는 지역의 농민들에게 아로니아를 적극 권유하고 많은 농가가 식재하였을 텐데 남의 일 같지 않다. 지역 농민신문을 통해 알게 된 사실이지만 그 지역의 농민들도 아로니아를 거의 뽑아버렸다고 한다. 그런데 귀에 솔깃한 얘기가 들린다. 이제 아로니아보다 더 고수익을 얻을 수 있는 과일이 체리라는 말과 함께 많은 농부들이 체리 묘목을 구입하여 아로니아 대신 식재를 한다고 한다.

유행은 노래와 패션에만 있는 줄 알았다. 이렇게 농업 분야에도 유행에 민감한지 이제야 알 것 같다.

생각해보면 실내 낚시터나 야외 야구연습장, 게임장, 아로니아 모두 좋은 아이템인 것만은 사실이지만 누구나 쉽게 창업하고 심을 수 있는 과수였기에 많은 경쟁자들이 등장하게 되고 경쟁력이 떨어지니 함께 폐업하고 망할 수밖에 없었던 것이다.

우리 사회는 무한경쟁 시대이고 사람들은 그 안에서 경쟁을 하면서 살아가고 있다. 경쟁에서 승리해야만 살아남을 수 있는 시대인 것이다. 속도의 시대, 규모의 시대, 서비스의 시대에 생존하기 위해서는 도시인이든 농부이든 철저한 분석과 남들이 쉽게 응용하고 따라올 수 없는 아이템을 개발하고 연구하여 신속하고 적정 규모를 유지하며 고품질 서비스를 창출할 때 승리할 수 있다.

풀과의 전쟁

왜 농부들이 '농사는 풀과의 전쟁'이라고 말하는지 깨닫게 된 것은 농사를 시작하고 얼마 지나지 않아서이다.

텃밭처럼 집에서 먹을 채소와 고추를 심었을 때만 하더라도 아침저녁으로 고랑에 나는 풀을 뽑는 일이 어렵지 않았다. 하지만 해가 지나면서 농사를 짓는 땅이 넓어지고 농사일과 학교에 출근하는 일을 병행하다 보니 점점 풀이 자라나는 속도를 따라가지 못하고 풀 뽑는 일들이 점점 부담스럽게 다가온다. 내 가족들이 먹을 식재료이기에 농약을 살포하지 않겠다고 마음을 먹고 열심히 풀을 뽑았지만, 비가 온 후에는 풀이 자라는 속도를 따라가지 못하게 되니 결국 풀 뽑는 일을 포기하게 되었다. 제초제를 뿌려보라는 주위 분들의 말을 듣지 않고 방치했더니 농작물에 풀이 덮쳐 농작물이 고사하기 시작하였다.

2년 전, 밭에 오랫동안 정성스럽게 심고 가꾸던 아로니아 나무를 포클레인을 들여 모두 뽑아버렸다. 불과 몇 년 전만 하여도 많은 사람들이 찾던 아로니아 열매와 수확한 열매를 가공하여 만든 분말을 찾는 사람이 급격하게 줄어들면서 계속 밭에 놔둘 수 없는 상황이 된 것이다. 선풍적인 인기를 끌던 아로니아 나무는 밭에 던져만 놓아도 잘 자란다는 말이 있을 정도로 누구나 재배 기술이 없어도 키울 수 있기에 전국적으로 너무 많이 식재하였고 떫은 식감으로 사람들이 외면하면서 인기가 급격하게 시들어 버렸다. 한 해는 수확을 포기한 적도 있었다. 수확하는 인건비도 나오지 않을 것 같아서였다. 새로운 작물을 고민하던 때 귀가 얇은 나는 블루베리가 좋다는 말을 듣고 아로니아를 뽑은 밭에 블루베리 묘목을 키워 수차례 분갈이를 한 후 밭에 풀이 나지 않도록 부직포를 덮고 화분에 블루베리를 심어 배치하였다. 블루베리는 물을 주지 않으면 쉽게 말라 죽는 특성이 있다. 블루베리는 낙엽 관목으로 뿌리가 천근성으로 물을 엄청 좋아하기도 하지만 너무 많이 주면 습하여 죽는 경우가 있어 많은 기술을 필요로 하는 나무이다. 지하수에 호스를 연결하여 물을 주는 데 3시간 이상이 소요되어 할 수 없이 많은 돈을 투자하여 관수 시설을 하였다. 아침저녁으로 자동으로 물을 주면서 나뭇잎이 자라는 것을 볼 때쯤 화분 안에 이름 모를 풀들이 자라는 것을 목격하고 풀을 매일 매일 뽑고 있다. 쉽지 않은 일이다. 어느 날은 화분 안에 풀을 뽑으려고 손을 넣는데 화분 안에 뱀을 발견하곤 너무 놀라 기절할 뻔한 적이 있다. 내가 정말 싫어하고 무서운 것이 뱀인데…. 그 일이 있고 난 후론 풀 뽑는 일이 싫어졌다. 아니 할 수가 없었다. 나는 블루베리를 화분으로 키우기 때문에 제초제를 뿌릴 수가 없다. 시간이 점점 지나가고 비도 내리고 하니 화분 안의 풀이 블루베리 나무보다 크게 자란다. 어떤 풀은 나무를 칭칭 감고 올라가는 것들도 있다. 뱀의 무서움도 잊은 채 풀을 뽑고 또 뽑았다. 허리도 아프고 얼굴과 손은 햇볕에 그을려 탄 피부로 변했다. 하지만 나의 수고로 블루베리 나무들은 매일같이 튼실하게 자라는 모습을 보여 나의 수고가 헛되지 않았음을 느끼게 한다.

학교 신학기와 종강에 바빠 며칠 밭에 나가보지 않았더니 화분에는 풀들이 또 많이 자라있다. 한숨이 절로 난다. 5월에 심은 고구마에 싹이 무척 자랐지만, 고구마밭도 풀로 가득하다. 언제까지 풀을 뽑아야 하나. 농사를 포기하고 싶은 마음이 매일매일이다.

어릴 적 부산으로 이사 가기 전까지 농사하는 숙부들을 보며 자랐기에 깨밭, 고추밭에 풀을 매어주고 뽑기도 하며 자랐다. 초등학교 수업을 마치고 집에 돌아오면 영락없이 할머니와 숙부들은 밭에 가서 풀을 뽑으라는 얘기를 정말 많이 하셨고 호미를 들고 밭고랑을 매고 풀을 뽑는 일을 많이도 하였다. 힘이 들거나 동네 친구들과 놀자고 부르면 도망갔다가 저녁밥을 먹을 때는 혼나는 일이 연속이었다.

도시 생활을 35년 한 후에 다시 고향에 돌아와 농사를 하니 동네 분들이 교수라면서 왜 그렇게 일을 많이 하느냐고 물으신다. 마누라도 내가 밭에서 일을 하고 집에 들어와 힘들다고 하면 동네 분들이 하는 말을 똑같이 한다. 집 주변의 밭들은 부모님께서 물려주신 땅으로 내가 귀향을 하면서 숙모님이 짓던 것을 내가 물려받은 것이다. 한 해라도 땅을 놀리면 산으로 변할 것을 알기에 힘이 들더라도 매년 작물을 심고 가꾼다. 하나밖에 없는 아들이 영농후계자로서 현재는 오이 하우스만을 운영하고 있지만 추후 영농 스킬을 습득하고 농업을 확대한다고 얘기할 때가 올 것이라 생각하면서 오늘도 출근하기 전에 밭으로 나가 풀을 뽑는다. 풀을 이길 때까지 계속해야 한다.

농산물 가격을 깎지 말자

전 세계의 기후 온난화로 인하여 홍수와 가뭄 그리고 산불이 일어나 많은 인명 피해와 재산 피해가 속출하고 있다. 이로 인한 소비자 물가는 하늘 모르고 치솟고 있다. 장마 이후 지속되고 있는 폭염으로 온열 환자가 늘어난다는 소식도 들려온다. 연일 TV에서는 청소년들의 축제인 4년에 한 번 열리는 국제 잼버리 대회가 우리나라 새만금에서 개최되고 있는데 이곳에서 열사병 온열 환자가 속출하고 모기에 물리고 마실 물이 부족하고 땡볕에 그늘이 부족하여 대회가 지속하느냐 중단하느냐를 가지고 논쟁하고 있고, 부실운영에 대한 책임 공방으로 뉴스와 SNS에서는 난리다. 뒤늦었지만 미래의 주역인 청소년들이 4년 동안 기다려온 축제가 안전하고 좋은 추억으로 남을 수 있도록 모두가 최선을 다해야 할 것이다.

핸드폰에는 실시간으로 무더운 날씨에 야외로 나가는 것을 자제하라는 문자 메시지가 연속으로 전해지고 있다. 역시 TV 뉴스에서는 나이든 어르신들이 농사일로 밭과 들에 나가 일하시다 쓰러지셨다는 얘기가 들린다. 지금 밭에는 수확해야 할 많은 작물들이 있다. 그중에서도 지금 수확하지 않으면 안 되는 작물이 고추다. 긴 장마로 밭에 물을 주지 않아도 되었지만 지속된 폭염으로 이제는 고추밭에 물을 주어야 하고 붉게 익은 고추를 수확해야 한다. 밭고랑에 자라고 있는 풀도 뽑아줘야 한다. 이렇듯 농부들은 지금 이 시기에 해야 할 일들이 많다.

나도 올봄에 심어 놓은 고추를 수확하기 위해 새벽이나 해가 먼 산에 넘어가면 고추를 수확하지만, 이마로 등 뒤로 흐르는 땀방울은 멈추지 않는다. 고추를 딴다고 금방 해결되는 것은 아니다. 딴 고추를 깨끗이 씻어 고추건조기에 넣고 난 다음에 쉼을 가질 수가 있다.

이곳 지역인 진천은 오일장이 열린다. 장날에 맞춰 가족들과 함께 장보러 자주 나가게 된다. 그렇게 큰 곳이 아니라서 한 바퀴 도는 데 오랜 시간이 걸리지 않지만 수많은 사람들이 모여서 물건을 사고팔고 장터에서 맛있는 파전도 먹고 떡볶이, 순대 등도 사 먹는다. 장에는 점포를 가지고 있는 상인들도 있지만 직접 집에서 가꾼 농산물을 바닥에 펼쳐놓고 파는 할머님들이 유독 많다. 고사리, 부추, 버섯, 시금치, 고구마순 등 손이 많이 가는 식재료들이다. 장을 돌다 눈살이 찌푸려지는 것들이 있다. 바닥에 앉아 물건을 파는 할머님들에게 물건을 사기 위해 흥정하는 광경이다. 대개 3천 원 5천 원, 만 원 정도 하는 농산물을 깎아달라는 사람들이 있다. 나도 힘들게 농사를 지어 판매하는 사람이지만 소액의 가격을 결정할 때는 마트에서의 가격보다 싸게 내놓게 된다. 특히 장에서 판매하는 것은 대부분 저렴한 편이다. 그렇게 결정된 가격을 깎아야겠다고 말귀도 잘 못 알아듣는 분들과 옥신각신하는 모습은 좋아 보이지 않는다. 장에서 피는 할머님들의 농산물은 대부분 말없이 물건을 사면 할머님들은 덤으로 더 주신다. 덤이 깎는 가격 이상일 것이기 때문에 사는 사람들은 손해가 없다.

고향에 들어와 블루베리를 생산하여 처음으로 내가 가격을 결정하여 판매한 적이 있었다. 많지는 않지만 수확한 블루베리를 지인들에게 택배 판매도 하고 직접 판매도 하였다. 며칠 후 근처에서 블루베리를 판매하는 동생뻘 되는 분이 찾아와 가격을 어떻게 해서 결정했느냐고 묻는다. 나는 이 정도 가격이면 소비자들에게 판매할 수 있을 것 같아 그렇게 정해서 판다고 하니 형님 때문에 이 지역 블루베리 가격을 제값을 받지 못하고 있다고 한다. 블루베리를 전문적으로 생산하는 영농단체에서 가격을 결정해서 매년 판매를 하는데 소비자들이 저곳은 얼마인데 이곳은 왜 비싸냐 한다는 것이다. 정중하게 사과를 하고 판매를 중단한 적이 있었다.

그 이후 나는 내가 생산한 농산물에 대해 가격을 결정할 때 신중을 기해서 하게 되었고 가격은 깎지 않지만 덤으로 조금씩 더 넣어 판매하였더니 좋은 반응이 돌아온다.

상거래에서 파는 사람과 사는 사람과의 흥정은 당연히 해야 하는 것은 상식이다. 하지만 덤을 더 주는 농산물에 가격 흥정은 하지 않았으면 한다. 특히 장날에 하루 종일 아스팔트 바닥에 앉아 농산물을 판매하는 할머님들에게는 더더욱 가격 흥정은 하지 않았으면 한다. 시골의 정은 할머님들이 한 움큼 집어주는 덤에서 느낄 수가 있기 때문이다.

쇠고기 먹고 싶어

어젠가 쇠고기 장관고신가 뭔가가 게재되면서 두어 달 넘게 끌어오던 쇠고기 촛불 문제가 사실상 마무리 된 듯하다.

불과 몇 년 전에는 별문제 없이 먹던 미국산 쇠고기를 이렇게 한 나라를 우익, 좌익으로 분열시키는 산통 끝에 다시 먹게 되는가 보다. 두 달 전 대통령의 미국방문을 전후로 급작스럽게 타결된 미국과의 쇠고기 협상에 문제점이 하나둘 드러나면서 국민들의 국제협상 능력을 향상시키는 촛불시위가 시작되었다.

협상에 잘못된 일을 솔직히 시인하였다면 많은 시간을 엉뚱한 곳으로 국민들의 눈과 귀를 돌리게 하는 일은 없었을 텐데…. 국민의 힘이 무섭다는 사실을 다시 한번 보여준 셈이다. 이런 선례를 남겼으니 앞으로 정부가 추진하는 모든 일에 국민들이 직접 협상하겠다는 일들이 지속적으로 벌어지지 않을까 심히 걱정이 된다.

쇠고기 문제에 대해 생각해보면, 오랜 시간을 거슬러 올라가야 한다.

GATT 체제하에서의 UR(우루과이 라운드)이 발효되면서부터니 벌써 20여 년 전 일이다. UR협상의 농산물에 대한 다자간협정이 체결되면서 자국의 이익이 적은 부분부터 단계적 개방을 해야 하고 관세를 줄이는 권고적인 협정이 시작되다가 1995년 1월 1일에 출범한 WTO 체제에 의해 권고사항이 강제적 사항으로 변경되었고, 1996년 우리나라가 선진국들의 모임인 OECD에 가입하면서 개방의 속도는 가속도를 더하게 되었다.

그러다가 우리는 IMF로부터 국가채무를 변제할 능력이 없어 긴급자금을 요청하는 경제국치를 경험하게 되었으나 국민들의 노력과 신3저현상(저유가, 저금리, 엔고현상으로 인한 원화가치 하락) 덕분에 우리는 IMF 체제를 조기에 졸업할 수 있었다.

21C를 맞이하는 우리는 새로운 국제환경 질서에 대한 시험을 받게 된다. FTA라는 국가 간 또는 블록화된 국가 간의 자유무역협정이 생긴 것이다.

우리나라는 한-칠레와의 FTA협정을 시작할 때 우리는 많은 어려움을 겪게 되었다. 농민들의 데모와 자살시도, 여야의 국회동의 반대에 대한 단상점거 등…. 하지만 한-칠레와의 협상 우려와 달리 결과적으로 수입보다는 수출이 많아 국가 이익을 가져오는 실적을 바탕으로 정부는 FTA에 대한 자신감으로 한국과 미국과의 FTA를 추진하여 작년 협상을 마무리하고 양국 간의 의회 및 국회 동의만을 남겨두게 되었다.

한-미 FTA 미의회 통과에 선결조건이 쇠고기 문제였던 것이다. 지난 정부가 남긴 과제를 정부가 마무리해야 하는 문제를 통상 경험부족과 방미를 앞두고 서두르다 보니 이런 국론분열를 야기한 것이라 생각된다.

UR의 다자간협상과 WTO 출범으로 우리는 우물 안 개구리로 살아갈 수 없음을 느꼈고 세계와 더불어 살아가면서 자원이 없는 나라가 살아가는 방식은 질 높은 상품을 만들어 세계 속에 팔아 돈을 벌어야 한다는 사실을 알았다.

아무리 좋은 상품이라도 판로가 없다면 무의미할 것이다. 세계의 시장을 열려고 한다면 우리의 시장도 활짝 열어야 하는 세계경제 질서를 무시할 수 없는 시대를 변명할 방법이 없다.

이러한 차원에서 쇠고기 문제도 다뤄야 하건만 동물성 사료에 의한 광우병이 문제가 된 것이다.

어쩌면 많은 국민들이 UR-WTO-FTA 진행과정을 이해하면서 비싼 농수산물, 특히 육류를 엄청나게 비싸게 사 먹어야 하는 아픔을 참아왔다. 많은 시간 동안 우리는 이러한 일들을 예상하였고 기업과 농업 등 준비기간이 필요한 만큼 우리 국민들은 비싼 농산물과 고깃값을 지불해 왔다.

비싸게 사 먹은 이유는 농민들에게 앞으로 벌어질 일들에 대한 준비와 대처를 하라는 것이었다. 하지만 그러한 준비는 언제까지 시간을 줄 수 없는 환경에 우리는 살고 있기에 지금이 바로 그 시간인 셈이다.

국민들이 그동안 비싸게 사 먹었는데 한우든 농수산물에 대한 수입은 다 누가 가져갔는지?

이제 싼 값으로 쇠고기를 먹고 싶다. 끝없이 올라가는 돼지고기도….

이 시간 촛불을 얘기하고 싶지 않다. 정부도 두둔하고 싶지 않다. 이제 모든 결과는 나왔다. 새로운 국회가 열리지 못하고 서민들은 점점 경제적 어려움에서 헤어나질 못하고 기업들의 신규투자에 무관심으로 젊은이들은 일자리가 없어 졸업을 미루고 학교도서관으로 백수는 점점 늘고…. 경제 없는 좌익, 우익이 뭐가 필요하고 경제 파탄 앞에 촛불은 다 뭔지.

촛불의 능력을 경제 살리는 곳을 위해 거리로 나갈 수는 없는지? 백만장자는 늘어가는데 경제살리기를 위해 자선하는 사람은 없고 노래 부르는 사람의 자선 기부가 국민적 영웅으로 추대되는 현실이 답답할 뿐이다.

난 생각한다. 이제는 우리 국민들도 안심하고 싼 가격에 질 높은 쇠고기를 먹을 권리가 있다고….

말을 잘하자

80% 듣고 20% 말하자

교육의 미래

미래는 예측하는 것이 아니라 창조하는 것이다

장미와 찔레를 읽고

여행의 변화

스트레스는 그때그때 풀어버리자

세상 참!

잠이 오지 않는 밤

울음의 종지부

100년 후의 행복을 위해

인생설계

EQ시대에 사는 지혜

고민거리

4부

마음속 소중한 것

말을 잘하자

인간이 말을 할 수 있다는 것이 다른 동물들과 차이점이 있다고 하겠다. 인간은 서로 대화를 통해 소통을 한다. 주변에 말을 잘하는 사람을 보면 부럽기도 하고 훌륭한 인품을 지닌 사람으로 인식하기도 한다. 말을 잘하는 사람들은 듣는 사람의 마음을 읽는 것 같다.

듣는 사람이 뭘 원하는지를 정확히 파악하여 말을 설득력 있게 하기 때문일 것이다. 즉 말은 듣는 사람의 입장에서 충실해야 하는 것이고 듣는다는 것은 상대방의 말소리를 듣는 것(hearing)이 아니라 그 사람의 말소리를 듣고 이해하는 것(listening)을 말한다.

미국의 위대한 리더이자 연설가였던 루스벨트 대통령은 훌륭한 대화를 하기 위한 비결은 123법칙을 실천하는 것이라고 하였다. 훌륭한 대화란 한 번 말하고, 두 번 듣고, 세 번 공감하는 데서 이루어진다는 뜻이다. 즉 상대와의 대화에서 말하기보다 듣기를 잘하라는 것이다. 특히 맞장구는 상대방의 말을 북돋워 주면서 상대에게 당신이 경청하고 있다는 느낌이 들게 한다.

굿 스피커(Good Speaker)란 '얼마나 말을 잘하느냐'가 아니고 '얼마나 경청을 잘하느냐'에 달려있다. 말을 잘하려고 하기 전에 듣는 것부터 배우라는 얘기가 있다.

말은 지위나 권력을 얻는 데만 필요한 것이 아니라 사회생활이나 사업에도 큰 도움이 된다. 좋은 화법을 가진 사람은 그렇지 못한 사람보다 타인에게 좋은 인상을 줄 수 있으며, 겉모습보다 훨씬 깊은 인상을 줄 수 있다.

또한 상대방에게 자신이 하고 싶은 얘기를 효과적으로 전달하기 위해서는 억양, 음의 높이, 음량, 말의 속도, 목소리의 질, 발음 등이 중요하며, 자신의 독특한 목소리가 있기 때문에 좋은 음성은 타고나는 것이기도 하지만 음성도 훈련을 통해 개발할 수 있다.

사람은 누구나 자신이 말하는 소리를 듣고 있다. 그러나 이 소리와 상대방에게 들리는 음성과는 약간의 거리가 있다. 음성은 훈련 여하에 따라 충분히 맑고, 부드럽고, 거칢이 없고, 톤과 음량도 적당하고, 속도도 상대방이 듣기에 매우 적절하게 될 수 있다.

21세기에 살아가는 현대인들은 언제 어디서나 자신의 의견을 전달하고 설득할 수 있는 커뮤니케이션 능력을 매우 필요하고 그 중요성은 날로 증가하고 있다.

프레젠테이션이란 전문가들의 특별한 기술이 아니라 자신의 생각이나 아이디어, 경험, 노하우, 창의적인 발상 등 제반 정보를 상대방에게 전달하고 설득하는 모든 행위라고 할 수 있다. 우리는 일상생활 속에서 상대방에게 프레젠테이션해야 할 기회를 수도 없이 맞이하게 된다. 특히 대학에서 공부하거나 취업을 준비하는 학생들은 학교생활 속에서 과제물 제출을 위한 발표 및 조별토의, 학위논문을 통과하기 위한 논문발표회, 취업을 위한 면접에서 프레젠테이션하기도 하며, 사회에 진출해서는 결혼 상대자를 찾기 위한 맞선 자리에서의 대화, 회사에서의 회의발표, 회사 신제품 판매를 위한 상담, 매주 또는 매월 실시하는 경영분석과 경영계획발표, 전략회의, 기타 강의와 강연 등 우리의 삶은 곧 프레젠테이션의 연속이라 할 수가 있다. 그리고 프레젠테이션의 성공은 곧 인생의 성공으로 직결된다고 해도 과언이 아니다. 이처럼 우리의 삶에 중요한 역할을 하는 프레젠테이션은 누구나 성공적으로 할 수 있는 것은 아니다. 따라서 성공적인 프레젠테이션을 하기 위해서는 꾸준한 자기 계발이 필수적이며 체계적이고 효율적인 준비와 반복적인 연습이 뒤따라야 한다.

2011년 7월 6일 남아프리카공화국 더반에서 개최된 국제올림픽위원회(IOC) 총회에서 우리나라 평창이 동계올림픽을 유치하게 되었다. 2018 평창동계올림픽 유치에서 한국유치단이 IOC 위원들 앞에서 실시한 프레젠테이션 특히 피겨여왕인 김연아 선수의 연설은 대단한 반응과 유치에 결정적 요인이 되었다고 한다. 하지만 아무리 훌륭한 말이라도 남의 말을 경청하지 않는 것은 소용이 없다는 사실이다.

80% 듣고 20% 말하자

새해가 되면 단골처럼 목표를 세우는 것 중 빠지지 않는 것이 있다. 바로 '80% 듣고 20% 말하라'이다. 목표를 이루기 위해 SNS나의 프로필에 올리고 다짐을 하지만 실천으로 옮기기란 쉽지 않다.

하나님께서 인간에게 귀 두 개, 눈도 두 개를 주셨지만 입은 하나만 만드신 것에는 분명 뜻이 있을 것이다. 귀로 많이 듣고 눈으로 관찰하되, 입은 적게 사용하도록 하신 것인데 요즘 나는 입을 너무 혹사하고 있다. 입으로 먹고 마시고 말하고 애정의 표시까지 하니 과로일 수밖에 없다.

인체에 해로운 술을 마시고 담배를 피우고 험담도 하고 입이 쉴 틈이 없다. 입을 쉬게 하면 건강에도 좋고 인격 수양과 듬직해 보이고 신비롭게 보이기까지 한다. 동서대학교 설립자이자 목사이신 장성만 박사는 입을 쉬게 하는 방법을 다음과 같이 제시하였다.

첫째, 식사량을 줄여라. 음식은 지금 먹는 양의 2/3 혹은 1/2만 먹어도 건강을 유지하는 데 아무 지장이 없다. 오히려 과식하면 건강에 해가 된다.

둘째, 돈 나가고 알코올 중독자가 되는 술을 절제하고 백해무익한 담배를 끊어야 한다.

셋째는 말은 8할만 하라. 자기가 말하는 것보다 상대의 말을 배로 들어야 한다. 말을 많이 하면 정보가 누설되지만 많이 들으면 정보가 그만큼 수집되는 것이다.

말을 하되 부정적인 말을 적게 하고 밝고 명랑한 말을 많이 해야 한다. 어두운 말은 주위를 어둡게 하고 모두를 불행하게 만드는 것이다.

아무렇게나 내뱉은 한 마디 때문에 상대방 마음에 상처를 입히고 의욕을 상실하게 한다. 나쁜 말은 예리한 칼과 같아서 사람을 죽음으로 몰 수 있는 마약보다 더 무서운 독이다. 따뜻한 말 한 마디는 상대방의 마음에 등불을 켜 주는 것과 같다.

말은 마음이다. 좋은 말은 소리조차도 향기롭다. 영어로 듣는다는 단어가 두 개가 있다.

"Listen"은 단순히 귀로 듣는 것을 의미하는 "Hear" 와는 다르다. 귀와 함께 마음을 듣는다는 의미가 내포되어 있다.

회사에서 상사가 부하직원들에게 말을 하면 자기 말의 80% 정도는 들을 것이라고 생각한 반면, 부하들은 40~60%밖에 안 듣고 있다는 어느 설문조사 결과를 보면 우리 사회의 커뮤니케이션에 문제가 있음을 알 수 있다.

보통은 지위가 높을수록 듣는 것보다 말하는 경우가 많게 된다. 커뮤니케이션에 있어 말하기보다 듣는 것이 중요하고 상대방에게 무엇을 말했는가보다는 상대방에게 무엇이 전해졌는가가 중요하다. 그러기 위해서는 상대방이 무엇을 생각하고 있는가를 숙지해야 한다.

사람이 무엇을 결정하고 판단할 때는 충분한 데이터와 정보, 그리고 지혜를 모아 신중히 해야 판단의 착오가 생기지 않는 법이다.

한 나라의 지도자가 말실수하거나 정보를 오판할 때 국가의 운명이 기울어지게 된다. 따라서 지도자는 말하기보다 국민의 소리를 듣는 데 힘써야 한다. 풍부한 정보를 바탕으로 예리한 분석을 통한 결론이 나왔을 때 비로소 말을 해야 한다.

언론매체를 통해 전해지는 말들을 보면 우리나라 사회, 정치의 갈등 상황을 볼 때 참으로 부끄럽고 안타깝다. 안 해도 될 말, 해서는 안 될 말들이 난무하고 있다. 국민을 대표하는 사람들의 말에는 진실성이 없을 뿐만 아니라 신뢰가 바닥으로 떨어진 지 오래되었다. 상대방의 말꼬리를 잡고 독설을 퍼붓고 있는 것을 듣거나 금세 들통날 거짓말을 얼굴색 하나 변하지 않고 하는 것을 보면 민망한 적이 한두 번이 아니다.

침묵은 금이요, 웅변은 은이라는 평범한 진리를 잊고 있는 것 같다. 나는 늦은 저녁과 새벽이 참 좋다. 책과 컴퓨터와 대화를 하지만 입은 쉬고 있다. 오늘도 많은 사람과 만나 많은 이야기를 했다. 지금은 과로한 입을 쉬게 해주는 시간이다.

교육의 미래

4차 산업혁명 시대에 우리나라 교육의 미래에 대한 걱정이 많다. 학령인구의 절대적 감소로 인하여 공교육뿐만 아니라 대학의 미래가 점점 암울해지는 시대가 다가온다. 전 지구촌이 저출산 고령화 시대로 접어들고 있어 상급학교에 진학할 학생이 없다. 전통적인 기존의 학교 시스템은 사라질 것으로 예측되고 교육의 패러다임이 교육에서 학습으로 전환되어 간다.

학교 중심의 교육에서 점점 평생학습 교육체계로 바뀌게 될 것이다. 교사나 교수는 점점 가르치는 사람이 아니라 조정자(coordinator)가 될 것이고 가르치는 사람은 인공지능 로봇으로 대체될 것이 예상된다.

교실 또는 강의실은 현실보다 더 실감 나는 가상 교육매체가 등장하여 거대한 사이버공간이 미래의 학습장소가 될 것이다.

미래의 학습방식은 소셜러닝으로 교사나 교수와 학생의 경계가 파괴되는 소셜러닝의 새로운 학습 패러다임이 될 것이다.

우리가 살아가면서 보고, 배우고, 느끼고, 체험하는 거의 모든 것은 사실 학교 밖에 있다. 따라서 앞으로의 교육은 평생교육으로 앎과 삶이 통합된 교육이어야 한다.

앨빈 토플러는 “미래학교는 오늘날과 같이 획일적인 체제가 아니고 가정, 직장, 학교가 교육하게 될 것”이라며 평생교육을 강조했다. 평생교육은 학교 교육이 제공하지 못하는 다양한 직업기술, 취미, 여가생활, 문화 활동 등의 다양한 프로그램을 제공하게 될 것이다.

미래사회는 지식과 기술이 급속하게 변화하므로 젊은 시절에 익힌 기술과 지식은 나이가 들어서 쓸모없는 것이 되어버린다.

함께 재직 중인 동료 교수의 푸념이다. 컴퓨터 지식을 전공하여 대학원에서 공부하여 박사학위를 취득하였는데 막상 교수가 되어 학생들을 가르치려고 하니 박사과정에서 배웠던 지식을 이미 학생들이 다 알고 있어 가르칠 것이 없다고 한다.

미래는 학교교육의 중심이 되는 학벌이나 간판의 시대가 아닌 능력중심 사회로 변화되기 때문에 평생에 걸친 학습이 필요하다.

최근 우리나라의 교육 경향은 역량중심 교육으로 전환되었다. 전공역량, 직무역량 등 기업이 요구하는 역량중심으로 학습 형태로 교육 방식이 변화된 것이다.

미래 인재에게 필요한 것은 지식의 양이 아니고 기존의 지식을 융합하여 한 단계 발전된 지식, 보다 나은 미래를 만들어 줄

역량이 필요한 것이다. 그 핵심적인 역량은 창의력과 융합능력(Creativity & Convergence), 의사소통과 공감 능력(Communication & Empathy), 협업과 조정 능력(Collaboration & Coordination), 비판적 사고와 문제 해결 능력(Critical Thinking & problem solving), 그리고 컴퓨팅적 사고(Computing thinking)이다.

또한 미래의 학생들은 맞춤형 개별 교육을 받을 것이다. 교육설계가 개개인의 맞춤 형식으로 진행되어 개인의 능력, 수준에 따라 학습방법이 달라지는 맞춤 형식의 학습을 받을 수 있다.

인지과학의 발달로 개개인의 지능이나 능력이 파악되면서 시뮬레이션으로 개별적인 학습 스타일을 분석하여 지적 능력에 맞는 맞춤 프로그램이 개발하여 가르치게 될 것이다.

학생들의 u-러닝 공간은 더 이상 학교 교실에 국한되지 않고 u-러닝 체제를 통해 실세계, 가상공간, 공유공간 및 개인공간이 융합되어 학습공간으로 제공된다. 실세계는 우리가 일상생활의 삶을 통해 지식을 전달받거나 구성하는 학습공간이다. 가상공간은 사람이 디지털 공학기술을 활용하여 창조한 학습공간이다.

공유공간은 두 사람 이상의 학습주체가 다른 사람과 상호작용을 통해서 만들어 내는 공간으로서 타인과 의사소통을 이루어 내는 학습공간이다. 개인공간은 우리가 실세계에서 다른 사람과 사물 등과 상호작용하지 않는 개인의 내적 공간을 말한다.

최근의 증강현실과 가상현실 기술 등 다양한 기술이 발전함으로써 거대한 사이버 공간이 미래의 무한한 학습장소가 될 것임은 틀림없는 사실이다.

이러한 기술 발전은 교실을 현실보다 더 현실감 있게 만들고 있으며 체험형 학습을 실제 가능하게 함으로써 교육효과와 몰입도를 극대화하고 있다. 현장에 가지 않아도 현장과 동일한 체험을 할 수 있는 학습공간이 무한하게 펼쳐질 것이다.

빠르게 다가올 교육의 미래를 대비하기 위해서 교사나 교수들은 기존에 가지고 있는 지식과 마인드에 대한 혁신과 변화가 요구되며, 학습을 하는 학생들도 미래사회가 요구하는 인재가 되기 위해 자신이 가장 잘하고 능력을 발휘할 수 있는 역량 개발에 힘을 쏟아야 할 것이다.

미래는 예측하는 것이 아니라 창조하는 것이다

-피터 드러커 교수

매년 1월 말에 인구 1만 명밖에 되지 않는 스위스 동부의 작은 스키휴양지 다보스(Davos)에서 세계경제포럼(World Economic Forum)이라는 매우 큰 규모의 포럼이 열리는데 이를 다보스포럼이라 부른다.

이 포럼에는 전 세계 여러 나라의 전 · 현직 대통령과 총리, 경제장관, 글로벌 경제를 움직이는 기업과 금융기관 총수 그리고 세계적인 석학 등 내로라하는 글로벌 파워 엘리트들이 총출동한다.

왜냐하면 포럼 현지에서 국가와 기업의 경영 전략을 수립하는 데 필요한 주요 이슈와 트렌드에 대한 소중한 정보를 얻을 수 있기 때문이다. 매년 열리는 포럼이지만 2016년 포럼에서 다보스포럼 슈밥(Klaus schwab) 회장은 개회사에서 “우리는 지금까지 우리가 살아왔고 일해왔던 삶의 방식을 근본적으로 바꿀 기술혁명의 직전에 와 있다. 이 변화의 규모나 범위, 복잡성 등은 이전에 인류가 경험했던 것과는 전혀 다른 것이다"라고 말하면서 포럼의 핵심의제로 4차 산업혁명을 제시한 것이다.

맥킨지 글로벌 연구소가 오랜 시간의 연구 끝에 출판한 "미래의 속도(2016)"에서 신흥도시의 부상, 점점 더 빨라지는 기술혁신의 속도, 인구의 고령화, 글로벌 커넥션의 확대 등 우리 앞에 달려오는 '4개의 트렌드'가 지금껏 보지 못했던 엄청난 속도로 미래를 만들어 갈 것이라고 주장한다.

"미래의 속도"에서는 과거의 산업혁명과 비교할 때 이러한 사회 변화의 속도는 10배 빠르고, 규모는 300배 더 크며, 그 영향력은 3,000배 더 강할 것으로 예측하면서 지금까지 쌓은 직관으로는 다가올 미래에 대응할 수 없다고 말한다. 그런 점에서 4차 산업혁명의 세상은 우리가 가지고 있던 기존의 사고로는 이해할 수 없는 세상(Beyond the usual, normal and expected)일 것이다.

그것이 바로 빛의 속도로 변화하는 세상, 상상을 초월하는 세상이다. 이를 하이퍼 사회라고 부르기도 한다.

4차 산업혁명까지의 세상의 변화과정

1. 1차 산업혁명 : 1750년 영국에서 시작되어 19세기 초반까지 이어졌는데, 석탄을 사용한 증기기관, 방적기 등 증기기관이 기폭제가 되어 시작된 기계화 혁명이었다. 그러나 기존 산업의 발전에서 크게 벗어나지 않았다.

2. 2차 산업혁명 : 1870년 전기의 발명과 보급으로 공장에 전

력이 보급되면서 컨베이어 시스템이 등장하고 이로 인해 생산성이 획기적으로 향상되었다. 또 석유라는 엄청난 자원이 발견되고 전화와 텔레비전과 같은 커뮤니케이션 기술이 발명됨으로써 2차 산업혁명은 미국이 주도해 나가게 되었다. 이때 기술혁신 주체로 부상한 것이 대기업이었다. 그 과정에서 기존 기술 시스템에 대한 혁신이 일어났다. 그리고 역사상 최초로 '과학에 기반을 둔' 기술혁신이 진행되었다. 이렇듯, 20세기 초반의 기술혁신과 생산체제의 변화가 경제, 사회를 변혁시킨 것이 바로 현대 산업사회의 출발이 된 것이다.

3. 3차 산업혁명 : 1960년 후반부터 진행된 정보기술혁명이다. 컴퓨터, 인터넷, 휴대전화를 기초한 기술혁신으로 일상생활은 물론 제조업의 디지털화가 일어났다. 그래서 디지털 혁명이라고 한다. 이와 같은 3차 산업혁명은 지금까지 계속 진행된다고 생각했는데, 2016년 다보스포럼에서 4차 산업혁명이 핵심의제로 등장하면서 우리 사회 전반의 분위기가 4차 산업혁명이라는 주요 이슈로 넘어가고 있다.

4. 4차 산업혁명 : 로봇, 인공지능, 사물인터넷(Iot) 등 미래 기술 융합을 통해 대변혁과 혁신이 만들어내는 초지능 혁명이다. 미국 시스코시스템 사의 존 챔버스 회장은 "덩치가 큰 기업이 항상 작은 기업을 이기는 것은 아니지만 빠른 기업은 언제나 느린 기업을 이긴다"고 했고 미국의 칼럼니스트인 토마스 프리드만은 그의 저서 "평평한 세계(The World is Flat)"에서 아프리카 초원의

사자와 가젤을 이야기하면서 "가젤이 사자보다 더 빠르지 못하면 사자에게 잡아먹히고 가젤보다 사자가 더 빠르지 못하면 굶어 죽는다"고 말했다. 빌 게이츠는 "생각의 속도"(1999)에서 "1980년은 질의 시대요, 1990년대가 리엔지니어링의 시대였다면 지금의 21세기는 속도의 시대"라며"정보기술의 진화로 인하여 변화의 속도나 규모 등이 급진적으로 이루어질 것"이라고 말했고 "비즈니스는 다가올 10년 동안에 지나온 50년보다 훨씬 더 큰 변화를 겪을 것"이라고 예견했다. 세계적인 국제경영분야 학회로 전 세계 3,300명의 학자들이 가입한 국제비즈니스 아카데미 회장인 이브 도즈(Yves Doz) 교수는 집필서 "신속전략게임"에서 이렇게 급속도로 변화하는 속도 경제의 불확실한 경영환경에 적응하기 위해 기업들은 "전략적 민첩성을 갖추라"고 조언했다.

미국 펜실베이니아의 가로등이 깜박이다가 갑자기 희미해졌다. 1만 8,800개의 진공관과 30톤 무게의 거대한 기계가 작동되기 시작했기 때문이다. "20세기의 알라딘 컴퓨터"가 탄생하는 순간이었다.

1946년 2월 15일 미국 필라델피아 펜실베이니아 대학교 특설실험실엔 국방부 관계자와 보도진 등 200여 명이 모여 있었다. 세계 최초 전자계산기 에니악(Electronic Numerical Integrator And Calculator : ENIAC) 완성식이 열리는 자리였다.

20세기 후반의 정보화 혁명을 가능케 한 컴퓨터는 아이러니하게도 전쟁을 수행하는 군부의 필요에 의해 개발된 것이다. 탄도 하나를 계산하는 데 약 200단계를 거쳐야 했고 노련한 수학자가 가장 정교한 탁상 계산기를 이용하더라도 7~20시간이나 걸렸던 것을 에니악은 겨우 30초에 해낼 수 있었던 것이다.

그러나 에니악의 영광은 너무 짧았다. 길이 30m, 중량 30t의 이 공룡 컴퓨터를 수용하기 위해선 42평 정도나 되는 공간이 필요했기 때문이다. 게다가 150kw의 전력을 사용하여 수만 개의 진공관이 너무 많은 열을 발생시켰다.

이후 컴퓨터는 50여 년 새 '광속의 발전'이라 불릴 정도로 놀라운 진화를 했다. 이제는 에니악보다 무게는 1만 배 이상 가벼워졌고 처리속도는 5천 배 이상 빠른 3kg가량의 노트북, 휴대용컴퓨터인 스마트폰과 비교 자체가 의미 없는 것이다.

2011년 2월 IB의 컴퓨터 '왓슨(Watson)'은 미국에서 가장 인기 있고 역사 깊은 퀴즈 쇼 '제퍼디(Jeopardy)'에서 인간 챔피언을 이겼고, 2016년 3월 바둑의 최고수 이세돌과 최고의 바둑 프로그램인 알파고(AlphaGo) 간의 대결에서 인간이 인공지능에 패배하는 사건은 우리에게 너무 충격적인 대사건이었다.

IBM 왓슨은 냉장고 10대 크기의 15조 바이트 메모리를 내장하고 있는 슈퍼컴퓨터이다. 왓슨은 수학, 과학 등 다양한 분야에 걸친 방대한 지식을 저장하고 메모리에서 저장된 정보만을 통해 추론한다.

기존 슈퍼컴퓨터와 왓슨의 차이점은 왓슨은 인간의 소통방식을 터득했다는 점이다. 왓슨은 우리가 흔히 말하는 딥러닝(Deep

Learning) 또는 머신러닝(Machine Learning)으로 인간처럼 생각하고 인간처럼 학습할 수 있는 수준의 지능을 갖췄다는 것이다. 그런 점에서 인간의 언어를 이해하고 몇 초 내에 답을 찾아내는 왓슨 같은 컴퓨터는 앞으로 많은 분야에서 활용이 가능할 것이다.

미래는 예측할 수가 없다. 그러나 분명한 점은 기술은 계속 진화하고 이와 맞물려 컴퓨터의 성능도 더욱 지능화되고 있다는 것이다. 기술이 빠르게 진화하다 보면 결국 사람을 뛰어넘는 컴퓨터가 나올 수 있다는 추론도 얼마든지 가능하다.

인공지능과 브레인 연구의 대가인 레이 커즈와일은 "싱귤래리티가 가까이 다가왔다(Singularity is near)"(2007)라는 저서에서 2007년 기준으로 컴퓨터 한 대가 쥐머리만큼의 지능을 가지지만 2025년에는 인간을 따라잡고, 2050년에는 지구촌의 93억 명의 지능을 다 합친 것보다 지능이 더 높아질 것이라고 예측했다.

이미 컴퓨터의 숫자가 인구보다 많아지는 2025년이 되면 인공지능, 즉 인간과 같은 지능을 가진 AI가 나오고 2030년이 되면 로봇AI가 인간의 숫자보다 많아진다고 한다. 곧 인간의 지능과 기계의 지능 간에 경계선이 허물어지는 것이다.

최근 인공지능 기술이 발전하면서 일론 머스크(Elon Musk)나 마크 저커버그(Mark

Elliot Zuckerberg) 등과 같은 실리콘밸리의 젊은 천재들은 인공지능과 인류의 미래에 대해 서로 다른 입장을 주장하고 있다.

* 테슬라 CEO인 일론 머스크는 "인공지능은 인류를 파멸로 이끌 것이다"
* 페이스북 CEO인 마크 저커버그는 "아니다. 우리 삶을 더 좋게 만들어 줄 것이다 "
* 미래학자이자 컴퓨터과학자인 레이 커즈와일은 "인공지능은 앞으로 인류와 함께 살아가는 도구로 우리의 지적, 신체적 한계를 넓혀주는 역할을 할 것이다"

인공지능기술이 무서운 속도로 발전하는 것만은 사실로 보인다. 이러한 인공지능기술의 놀라운 발전에 대해 '에디슨 이후 최고의 발명가'로 불리는 미래학자 레이 커즈와일은 인공지능 기술이 폭발적으로 발전해 2029년이 되면 사람처럼 감정을 느끼고 2045년에는 인공지능이 전체 인류 지능의 총합을 넘어서는 시점, 즉 특이점(singularity)이 온다고 주장했다. 그에 따르면 인간은 이후 인공지능과 결합해 지금까지 인류와 전혀 다른 '포스트 휴먼(Post Human)'으로 탄생하여, 다시 말해 인간의 생물학적 한계를 뛰어넘게 될 것이라고 주장한다.

현재 구글에서 인공두뇌 개발에 몰두하고 있는 커즈와일은 지난 30년간 미래가 어떻게 바뀔지 예측해 왔는데 그가 예언한 것은 대부분 맞아 떨어졌다.

세계적인 종합인공지능(Artificial General Intelligence, AGI)의 대가 벤 괴르첼(Ben Goertzel) 박사는 "미래에는 한 분야에서 뛰어난

인공지능을 넘어 인간과 동일한 능력을 보이는 AGI의 시대가 올 것이고, 이제 기계는 단순한 커뮤니케이션 수준을 넘어 일종의 학교에서 정보를 습득하고 인간의 능력을 배울 수 있게 될 것"이라며 "커즈와일이 2029년 기계가 인간을 능가하는 특이점이 올 것이라고 발표했지만 나는 2025년까지 인간을 닮은 AGI의 등장이 가능할 것이라고 본다"고 했다.

만약 이들의 예측대로 미래의 세상이 펼쳐진다면 우리의 상상력을 동원하지 않고서는 이해하기 어려운 기가 막힌 광경이 벌어질 것이다.

장미와 찔레를 읽고

인생은 '기찻길'과 같다는 말이 있다. 즉 철로를 달리는 기차 안에 있을 땐 자신이 똑바로 곧게 간다고 생각을 하지만, 지나왔던 길을 뒤돌아보면 그 형태는 똑바르지 않고 구불구불하기 마련이라는 것이다.

이처럼 우리가 올바르다고 살아오는 인생 안에는 많은 혼란과 휘어짐이 포함되어 있다고 생각한다.

2007년 조동성 교수는 "장미와 찔레"라는 자기계발서를 출간하였다. 내가 이 책을 접하게 된 것은 서점에서가 아니라 인터넷을 통해서였다. 우연히 인터넷에 접속하던 중 무료로 읽을 수 있는 책이라고 하여 내용이 궁금하여 읽게 되었는데 한 장 한 장 넘길 때마다 마음에 뜨거움과 나의 젊은 시절의 삶을 뒤돌아볼 수 있는 소중한 내용이 들어있어 하루 만에 속독하게 된 책이다.

책 속의 전반부에는 주인공 미주가 자신의 회사에 대한 애정도 자신의 업무에 대한 열정도 가지고 있지 않았다. 그에 따라 회의감을 느끼게 되어 자신의 대학 시절 은사이자 멘토가 되어주신 성 교수를 찾아가게 되어 여러 깨달음을 얻게 된다.

나는 주인공 미주가 된 것처럼 성 교수가 그녀에게 들려주는 말에 고개를 끄덕이고 있었다. 우리가 흔히 얘기하는 꾸준한 성장과 벼락 성장, 그것들은 장미와 찔레뿐 아니라 여러 사물에 빗대어 언급되고는 했다.

장미의 생보다 찔레의 생이 더 좋다거나 혹은 그 반대이거나 하는 것이 아닌, 성 교수는 한 번밖에 주어지지 않은 자신의 인생을 어느 방식으로 살고자 하는지를 먼저 파악하기를 원했던 것 같다. 또한, 찔레의 생과 같이 사는 사람이 '대학원'이라는 수단을 본연 의도에서 벗어난 이용을 함으로써 장미의 생이 되고자 하는 것에 대해 큰 비판을 던지기도 하였다.

여기서 나는 주인공 미주가 그랬던 것처럼 마음속 한편으로 부끄러움을 느꼈다. 그 전문 분야에 대해 더 박학다식해지고자, 혹은 공부를 더 하고자 하는 의도에서 임해야 하는 대학원 과정을, 너무나도 안일하게 취업의 문으로 이용되기를 바랐기 때문이다.

더 나아가, 찔레의 생으로써 성 교수가 언급했던 것은 Integrity, 바로 신뢰성이었다. 요즈음 아무리 이직이 취업시장의 트렌드라고 언급되기는 하나, 기업에서 원하는 인재는 바로 신뢰성을 갖춘 사람일 것이다. 이러한 신뢰성을 꾸준히 쌓게 된다면 언젠가 장미꽃의 정점까지 도달할 수 있으리란 생각이 든다. 책의 후반부에서 미주는 M닷컴의 스카우트 제의를 받게 되는데, 여기서 미주의 내적 갈등을 확인할 수 있었다.

자신이 현재 몸을 담고 있는 회사에서 Integrity를 쌓을 것인지 혹은 예전부터 꿈꿔왔던 대기업으로의 이직을 행할 것인지, 두 선택의 기로에 서서 많은 고민을 하게 된다. 이 시점에서 나 또한, 미주의 입장이 되어 곰곰이 생각해 보았는데, 그저 생각뿐인데도 불구하고 매우 복잡하고도 미묘한 감정을 느끼게 되었다.

사람들이 잘 모르는 이름 없는 중소기업과 누구에게 말해도 알만큼 잘 알려진 삼성과 같은 대기업이라고 생각을 하여 나를 대입시켜 보니, 성 교수의 말대로 Integrity를 선택해 회사에 남기로 한 미주가 어찌 보면 대단하다는 생각이 들었다. 만일 나라면 이직할지도 모를 일이었는데, 미주는 신념을 지켜 회사에 남았고 그에 따라 '대리'라는 직급으로 승진함으로써 보상을 받게 되었다.

세상에는 많은 변수가 존재하기 때문에 일이 어떻게 돌아갈지 모르고, 따라서 자신의 미래를 구체적으로 예측해 계획을 세우는 것보다는 단지 현재 주어진 매 순간순간에 최선을 다하는 것이 지름길이 될 것이다.

만일 주어진 순간에서 내가 어떠한 것을 선택했다면, 내가 한 선택에 있어 최선을 다해야 하고, 후에 내가 그러한 것을 후회할 일이 생기더라도 그때는 결코 '선택'에 대한 후회를 해서는 안 되고, '과정'에 대해 후회해야 한다는 것이다. 책 속에 등장하는 강의창도, 지신혁도 자신이 한 '선택'에 대해 후회하지 않도록 그만큼 '과정'에 충실하여 큰 성공을 거둘 수 있었다.

즉, 선택에 대한 한 치의 의심 없이 실천하여 용감무쌍하게 밀고 나감으로써, 안일하게 걱정만 하며 제자리에 남아있는 많은 사람들을 제치고 장미꽃의 정점에 도달할 수 있었다는 것이다.

이 책을 읽으며, 선택의 기로에서 자신만의 신념을 가지고 한 가지를 선택했던 미주와 도전 정신과 믿음을 보여준 강의창과 지신혁 등, 그들을 보며 많은 것을 깨달았지만 내심 그들처럼 그리 큰 용기를 낼 수 있을까라는 생각에는 분명 조금이나마 의심이 드는 것은 사실이다.

하지만 그들로 인해 내 인생에서 어떠한 것이 더 가치 있는 것이고, 내가 어느 생을 살고자 하는지에 대해 다시금 생각할 수 있는 기회가 되었던 것 같다. 장미꽃 인생은 곧 '도전'을 의미하며, 현실에 안주하지 않고 항상 자신의 목표를 생각하며 그를 이루기 위해 노력해야 한다.

이 책으로 인해 젊은 시절의 나를 다시 돌아보고 앞으로 남아있는 나의 삶에서 내가 진정 하고자 하는 것을 찾아 그를 향해 나아가고자 한다. 이것이 바로 찔레가 장미가 될 수 있는 기회임에 틀림없다고 생각해본다. 창밖에 장맛비가 온종일 내리고 있다. 커피 향이 진하게 나는 창가를 바라보며 젊은 시절로 돌아간다면 책 속의 주인공 미주처럼 두 가지 선택의 길에서 어떤 선택을 했을까를 다시금 생각해본다. 대학생들에게 꼭 읽어보도록 추천해 주고 싶은 참 좋은 자기계발서다.

여행의 변화

코로나19로 인하여 전 세계의 출입국 관리가 엄격해지면서 관광산업이 위축되었다. 항공기가 정상적으로 운항하지 못하고 관광객들이 숙박해야 하는 호텔업계도 힘들기는 마찬가지이며 특히 여행객을 모집하고 안내서비스를 제공하는 여행사들도 폐업이나 다운사이징을 통해 살아남기 위해 몸부림치는 상황에 직면하였다.

현대인들의 여행은 노동시간의 단축에 따른 여가시간의 증가 및 가처분소득의 증대, 교통수단의 발달과 자가용 소유에 따른 이동의 편리함 증대, 소확행(작지만 확실한 행복)에 따른 즐거움과 행복 추구 등은 삶의 질을 높여줄 뿐만 아니라 삶에 대한 가치관의 변화로 자신을 존중하고 여행 소비에 따른 관여도가 높아지면서 여행 그 자체를 하나의 생활로 간주하게 되었다.

여행은 일상생활을 벗어나 미지의 지역이나 자연에 대한 새로움을 경험하고 그 지역의 사회문화를 체험하며 삶의 에너지를 재충전하고 활력을 채워 다시 집으로 돌아오는 활동이다.

현대인들은 이러한 여행과 관광을 통해 또 다른 문화경험과 따 지역의 신기한 풍물 및 풍습을 접함으로써 지루하게 반복되는 일상패턴과 도시생활의 긴장감, 소외감에서 잠시나마 벗어나 재충전하고 활력을 되찾을 수 있으며 더 나아가 의식주 이외의 자아실현과 삶의 질을 향상할 수 있어 개인의 자존감을 높일 수 있기도 하다. 복잡한 현대사회의 경쟁시대에서 쌓여가는 스트레스에서 벗어나 새로운 변화를 지향하고 생활수준의 향상과 더불어 글로벌 시대에서 지신의 새로운 가치관과 인생관을 형성하기 위하여 새로운 세계로 여행을 하며 다양성과 창의성을 발휘할 수 있을 뿐만 아니라 개인적인 자아실현 성취로 더욱 긍정적이고 행복한 삶을 추구할 수 있으므로 여행은 인간의 새로운 사회현상의 하나로 자리 잡아 가고 있다.

여러 학자에 의하면 인간의 욕구에는 생리적 욕구, 안전의 욕구, 소속과 애정의 욕구, 존경의 욕구, 자아실현의 욕구가 있다고 하는데 이러한 욕구를 여행의 측면에서 보면, 생리적 욕구는 일상생활권에서 쌓인 스트레스와 무료함으로부터 자유롭게 벗어나 여행하는 것을 의미하여 신체적 건강증진과 심리적 정신 휴양을 위한 것이 된다. 안전의 욕구는 신체적 안전보호와 생활을 위한 안정된 직업과 생리적 욕구의 계속적 유지를 위한 욕구이다. 소속과 애정의 욕구는 생리적 욕구와 안전의 욕구가 충족된 후의 단계로 다른 사람들과의 애정, 타인들과의 다정한 사회구성원과의 관계를 형성하고 동료의식을 얻기 위한 활동 등 사회적인 욕구를 유지하려는 욕구이며 존경의 욕구는 대부분의 사람들이 사회생활을 통해서 기본적인 생활권 이외에 자신에 대한 평판을 높이 평가하고 자신을 존중해 주며 자존심을 지니고 존경받기를 바라는 욕구로서 자신감, 자존감, 명성, 권력, 지배를 만들어 내는데 여행의 측면에서 보면 가보지 않은 미지의 여행 목적지나 호화롭고 수준 높은 서비스를 제공하는 유람선 여행을 통하여 여행 경험을 다른 사람들과 공유하는 방식으로 존경의 욕구를 찾는다고 할 수 있다. 자아실현의 욕구는 인간이 될 수 있는 한 되고 싶어하는 욕망을 가지는 것으로 여행측면에서 보면 탐구적인 모험을 통하여 자신 스스로를 평가하고 자아발견을 하려는 욕구로 평범한 여행이 아닌 특별한 여행의 기회를 가지고자 하는 경우이다.

이처럼 여행의 욕구는 여러 가지 여행 동기에 의해 실질적인 행동으로 표현된다.

그리스 철학자들은 여행 동기와 관련하여 '인간은 고통을 피하고 기쁨을 추구하기 위해 동기화된다'고 설명하고 있다.

세계관광기구(UNWTO)의 통계에 따르면 관광산업은 2019년까지 전 세계 GDP의 9.5%를 차지하고 전 세계 고용인원의 8.4%가 관광관련 산업에 종사할 것으로 전망하고 있다.

복잡한 현대사회에서 치열한 경쟁과 반복되는 일상생활에서 탈피하고자 하는 많은 사람들은 새로운 시간과 공간에 대한 갈망으로 여행을 선택하게 되고 이러한 현상은 앞으로 생활수준의 향상, 교통수단의 발달, 글로벌 스마트관광시대를 맞아 더욱 발전하고 증가할 것이다.

과거의 여행은 여행사를 통하여 서비스를 제공받는 선택여행이었다면, 최근 모바일 앱, SNS, 유튜브 등 디지털시대에 살아가고 있는 현대인들은 여행에 대한 검색, 예약, 결제를 통해 다변화된 활동으로 여행을 스스로 기획하고 실행하고 있다. 여행하기 전에 반드시 어떤 목적, 어떤 주제를 가지고 여행을 할 건지를 결정하는 것이 중요하다.

타국의 문화체험, 유명관광지 탐방, 스포츠관람, 모험관광, 등반, 휴양지로의 신혼여행 등이 주류를 이루었다면 최근의 여행은 단체관광보다는 개별여행이 늘고 있고 먹방투어, 드라마 촬영지, 의료관광, 아프리카나 저개발국으로의 봉사활동, 힐링 및 헬스투어 등으로 변화되고 있다.

몇 년 전 캄보디아 앙코르와트를 마누라와 같이 다녀왔다. 여행하는 동안 덥고 걷는 일이 많고 음식이 입에 맞지 않아 고생은 하였지만, 세계 불가사의라고 불리는 곳을 직접 눈으로 보고 집을 떠나 오랜 시간 사랑하는 사람과 그동안 나누지 못한 대화를 통해 가족의 소중함을 느끼고 학교일과 농사일로 많은 스트레스를 받고 있던 시기에 새로운 경험과 재충전의 시간이 되었다.

코로나 팬데믹이 점점 완화되어 각 나라의 출입국이 열리면서 여행을 하려는 사람들의 수요가 증가하고 있다. 어떤 여행, 어떤 목적, 어떤 주제의 여행이든 자신이 머무는 곳을 떠나 새로운 환경을 경험하고 재충전의 기회로 삼아 삶의 질 향상과 행복을 추구하는 활동이 되는 것이 여행이다. 하던 일을 잠시 멈추고 떠나보자.

스트레스는 그때그때 풀어버리자

현대인들의 질병 가운데 만병의 근원은 스트레스일 것이다. 스트레스는 남녀노소를 구분하지 않고 찾아온다. 사람들에게 주어진 조건, 능력, 환경에 따라 자신의 필요와 일치하지 않을 때 일어나는 신체적이고 감정적인 반응이라 정의한다.

우리 사회는 점점 고도화되어 가고 있으며, 진보되고 있다. 학생들은 공부에 대한 스트레스, 젊은이들은 좋은 직장에 취업해야 한다는 스트레스, 이성 간의 만남에서 일어나는 갈등에 의한 스트레스, 샐러리맨은 성과나 승진, 급여 등에 대한 스트레스, 중년이 되면 퇴직과 노후에 대한 걱정으로 많은 스트레스를 받는다. 주어진 조건과 환경에 적응해서 살아가는 모든 사람들이 겪게 되는 하나의 현상으로 볼 수 있다.

스트레스가 쌓이면 신체적 증상으로 피로, 두통, 불면증, 근육통이나 경직, 흉부통증, 복부통증, 구토, 전율, 안면홍조, 땀,

자주 감기에 걸리는 증상이 있고, 정신적 증상으로 집중력이나 기억력 감소, 우유부단, 마음이 텅 빈 느낌, 혼동이 오고 유머 감각이 없어지기도 한다. 감정적 증상으로는 불안, 신경과민, 우울증, 분노, 좌절, 근심, 걱정, 불안, 성급함, 인내 부족 등의 증상이 나타나며, 행위적 증상으로는 안절부절못함, 손톱 깨물기, 발떨기 등의 신경질적인 습관, 먹는 것, 마시는 것, 흡연, 울거나 공격적 행동, 욕설, 비난이나 물건을 던지거나 때리는 행동이 증가하는 증상이 발생한다.

스트레스에는 이러한 부정적인 영향은 일반적으로 스트레스 반응을 풀어 줄 수 있는 적절한 방법을 취하지 못함으로써 신체에 스트레스를 남겨 놓았을 때 나타난다. 이들 중 몇몇 증세는 즉각적으로 나타날 수 있으나 다른 것들은 스트레스를 장기적으로 받은 후 점차적으로 나타나는 경향이 있다.

많은 연구진들은 질병과 스트레스 사이에 상관관계가 있다고 믿고 있다. 부정적인 스트레스는 누적되기 쉬운데 스트레스가 누적된 채로 해소되지 않으면 다른 행동에 부정적인 영향을 주게 된다.

그러나 스트레스는 꼭 부정적인 것만 있는 것은 아니다. 아마도 스트레스가 없다면 삶에 흥미를 느끼지 못하게 될지도 모른다. 스트레스가 문제가 되는 것은 늘 어느 정도 우리와 함께하면서 우리가 원하거나 감당할 수 있는 것보다 좀 더 혹은 덜 스트레스를 느낄 때 문제들이 발생하는 것이다.

스트레스의 긍정적인 면은 열정과 감각을 자극한다는 데 흥미가 있다. 결국 중요한 것은 누구나 갖게 되는 스트레스를 주는 요인과 스트레스 반응의 강도와 시간 사이의 균형을 유지할 수 있는 능력이며, 우리의 삶에 도움을 줄 수 있을 것 같은 스트레스도 스스로 그 정도를 조절하지 못하면 생활에 위협이 될 수 있다. 그러므로 스트레스를 효과적으로 이용할 수 있는 방법을 찾아야 한다.

스트레스를 효과적으로 이용하는 방법에는 스스로 스트레스를 받아들이고 조절하는 것인데, 스트레스를 더욱 건실하고 탄탄한 베테랑이 되기 위한 자극제로 받아들여 자기개발에 더욱 매진하는 것이다. 이로써 자신을 더 향상시키면 된다. 또한 스스로 만족해야 한다. 현대인들은 다양한 생활을 하면서 자신을 더 어렵게 만드는 것들이 우리 주위에 비일비재하다. 스스로 만족하지 못하는 마음과 끊임없이 마음을 혼란스럽고 괴롭게 만드는 환경이 그러하다. 그러기 위해서는 즐겁게 일을 해야 한다. 자기 감정을 스스로 관리를 해야 하며, 자신만을 위한 시간을 계획하고 실천하는 것이다. 혼자만의 시간을 갖는 것은 건전한 정신건강을 위해서도 중요하다. 운동이나 영화, 음악 감상, 전시회 등 문화생활을 하는 등 각자가 좋아하는 취미생활이나 여가활동을 함으로써 스트레스에서 벗어날 수 있으며 일과 생활에 활력소가 된다. 특히 규칙적인 운동은 스트레스 해소에 많은 도움이 될 것이다. 아울러 자신의 주변 생활을 변화시켜 보는 것도 새롭게 감정을 전환하는 방법이 될 수 있다. 평소와는 다르게 다른 시간에 일어나거나 취침해 보고 색다른 음식을 먹어보거나 여행을 떠나 새로운 사람들과 대화를 해보고 새로운 관광지의 매력에 빠져보면 스트레스는 나와는 거리가 있는 질병일 것이다.

스트레스의 레벨을 높여주는 과도한 카페인, 니코틴, 설탕 등은 피해야 할 것들이다.

세상 참!

불과 몇 년 전 우리나라는 국민소득 2만 불 시대가 도래하면 빈부격차가 없어지고 고령화에 대한 문제도 해결된다는 등의 다양한 복지국가로 장밋빛 청사진이 발표되었다.

최근, 환율하락으로 인한 원화 가치의 상승으로 곧 2만 불 시대에 진입한다고 한다. 또한 수출이 3,000억 달러를 넘어서 세계 9위의 국가로 변했다. 재벌그룹들의 고부가가치 물품을 미국, 유럽, 중국에 집중적 판매한 결실이다. 하지만 이렇게 경제지표들은 좋은데 우리나라 국민이 처해있는 모양새는 그렇지 못한 것 같다.외환 위기보다도 더 힘든 현실이라고 한다.

나라는 온통 부동산 투기 열기로 단기에 고수익을 올리려는 사람들로 돈 쏠림 현상이 지속되고 대통령은 못해먹겠다는 말만 하고 중산층은 사라지고, 있는 자들은 해외에 나가 돈을 펑펑 쓰고 국가는 더 부채질로 국외 부동산 투자를 하라고 한도액을 늘

려주고, 서민들은 아무리 열심히 해도 돈을 벌 수가 없을 뿐만 아니라 천정부지의 물가를 따라잡을 수가 없는 세상이다.

대기업들은 돈 벌어 투자는 하지 않고 눈치만 보며 스스로 부채비율만 낮추고 은행들은 기업이 투자하지 않으니 가장 안전하다는 주택담보대출만 열을 올려 결국 600조 가까이 되는 대출이 경제불안과 국가 위기상황까지 몰고 가고 있는 형국이다. 국민연금과 공무원연금, 사학연금의 부실한 관리로 국민들의 부담과 혈세 징수는 계속 늘어가고 있다.

세상에 이런 나라도 있나? 하는 생각이 든다.

뭐가 잘못되었나? 모 그룹은 35만 명에게 피해를 주는 희대의 사기 사건이나 발생시키고, 일하지 않고 벌겠다는 심산이 만들어 낸 도박공화국, 이제 사이버머니 환전으로 인한 대형사건이 곧 터질 예정이고.

젊은이들은 대기업과 공무원시험에만 매달리고 중소기업 같은 곳은 눈길조차 주지 않고 있다. 일시적 일자리에만 매달리고 있는 것이다. 국가를 운영하는 주체들을 믿을 수가 없으니 한미 FTA는 타결되었다고는 하지만 국회 비준과 해결해야 할 과제는 산더미인데 자랑스럽게도 EU와 중국과 FTA를 맺어보겠다고 난리다.

물론 기술밖에 없는 나라에서 당연히 빗장을 열어야 나갈 수밖에 없는 나라 사정이라 어쩔 수가 없다 하지만 아직 각 부문에 질적수준을 높이지 못한 분야가 많은데 대처방법은 강구하고 시작을 하고는 있는지 의문이다.

주변 신흥국들은 우리가 혼란에 빠져있는 때를 기회로 삼아 고도 경제 성장을 지속하고 있다. 중국은 연 20% 이상의 경제성장을 통해 베이징올림픽 이후 아시아의 맹주를 차지하겠다는 것이고 가까운 일본은 10여 년의 불황을 극복하고 서서히 예전의 모습을 찾고 있으며, 미국과 EU가 인정한 인도는 반도체를 중심으로 고도성장을 이끄는 현시점에 불균형의 우리나라 경제지표들을 효율적 관리를 해야 하는 절체절명의 시기를 맞고 있다.

이러한 책임을 누구에게 돌릴 것인가.

외환위기 때를 기억해 보면 책임자 몇 명만이 책임을 물었을 뿐 고통은 국민이 모두 가져본 경험이 있다. 다행히 외환위기는 전 국민이 참여한 금 모으기와 신3저현상(저금리, 저유가, 엔고화로 인한 원화가치 하락)으로 벗어날 수 있었지만, 지금의 국가 부도 위기는 내부의 국가운영부실에서 기인한 것으로, 우려가 현실이 된다면 상상하기 싫은 일들이 벌어질 것이다. 힘없고 가진 것 부족한 서민들의 몫이 되지 않을까 걱정이다.

진심으로 국가 경제위기를 걱정하여 잠 못 이루는 사람이 몇 명이나 될까? 천장을 쳐다보며 잠을 청해보지만 잠이 오지 않는다. 우려가 현실이 될 때 혹 해결방안이라도 있을까 하고, 나에게도 준비해야 할 일은 없나 하고 생각하며 밤을 지새운다.

잠이 오지 않는 밤

찬바람 소리가 창문을 두드리는 소리가 들리는 무서우리만큼 차가운 겨울밤에 나를 포함해 잠 못 이루는 커뮤니티들을 벗 삼아 생각나는 것을 메모해본다. 어제 낮에 읽었던 신문 중에 린치핀(LINCHPIN)에 대한 생각이 난다.

린치핀이란 세계적인 마케팅 전문가인 세스 고딘(Seth Godin)이 그의 저서 "린치핀"에서 말한 것으로 마차나 자동차의 두 바퀴를 연결하는 쇠막대기를 고정하는 핀 또는 누구도 대체할 수 없는 꼭 필요한 인재로 조직의 핵심. 구심점을 말한다.

많은 사람은 성공하기 원한다. 따라서 성공한 기업을 보며 꿈꾸고 여러 성공사례를 분석하며 실패를 줄이기 위해 애쓰는 경우가 대부분이다. 하지만 고딘은 "성공한 업체를 따라 하는 것은 백미러를 보며 운전하는 것과 같다"라고 말한다. 성공적인 사례를 분석해 보면 결국 아무런 공통점을 발견할 수 없다는 것이 그의 생각이다. 성공이란 평범한 사람이 아니라 평범하지 않기를 선택한 사람에게 온다고 조언한다.

'다른 톱니와 맞물려 일정하게 돌아가는 톱니바퀴가 되기보다는 대체 불가능한 린치핀이 되라'는 것이며 지금 당신에게도 적용된다.

사고를 바꿔라. 꼭 필요한 사람이 되기 위한 첫걸음은 당신이 스스로 린치핀이 되겠다고 선택하는 데 있다. 린치핀은 선택의 문제이다.

세상이 복잡해지고 지금 우리는 어디로 가고 있는지. 변하고 있는 세상에서 나는 어떻게 살아가야 하는가? 답은 린치핀이다. 내가 무엇과도 바꿀 수 없는 존재임을 알려야 한다.

아는 게 중요한 것이 아니라 지금 당장 행동하라. 즉 성공하려고 하는 사람이나 조직의 핵심. 구심점이 되기 위해서는 자신에게 주어진 일에 익숙함이 아닌 불편함을 선택하라. 안락함과 편안함을 추구하는 몸 안의 저항을 이겨내라.

즉,

- 시간에 맞춰 일을 끝낼 줄 모른다.
- 완벽해야 한다는 핑계를 대며 미룬다.
- 일부러 결함이 있는 아이디어를 내고 거부당하기만 기다린다.
- 모임에 뭘 입고 나갈지 몰라 괴로워한다.
- 돈이 없다는 핑계를 댄다.

- 도가 지나친 인간관계를 쌓으려 노력하면서 모두가 자신을 좋아하고 따르길 원한다.
- 타인 화를 돋우는 행동을 하면서 모두가 지신을 외면하도록 만든다.
- 새로운 재주를 익히려 하지 않는다.
- 쓸데없는 정보 모으기에 너무 많은 시간을 허비한다.
- 비난한다.
- 행동은 하지 않고 위원회만 결성해 놓는다.
- 위원회를 이끌 생각을 하지 않고 남이 해주기만을 원한다.
- 동료들이 한 일을 끊임없이 비난하고 비현실적으로 기준만 높여 놓는다.
- 의도적으로 아무도 받아들일 수 없는 기이한 일을 벌여 놓는다.
- 그냥 그런 수준의 무시당할 만한 정도로 일을 한다.
- 질문하지 않는다. 혹은 너무 많은 질문을 한다.
- 누구든 본인과 다르게 행동하면 비난한다. 본인 행동을 바꿔야 할 수도 있다는 위기감 때문이다.
- 어제 일은 너무 오래된 일이라고 팽개치고 끝이 보이지 않는 다음 일을 처리하겠다며 방황한다.
- 새로운 방법의 부작용에 대해서만 걱정한다.
- 지겨워한다.
- 해야 할 일을 하지 않고 복수하거나 남에게 훈계할 문제에

집중한다.

– 마감기한이 다가올수록 천천히 한다. 곧 닥칠 것 같은 마감에 병적으로 일을 재검토한다.

– 내일로 미룬다.

– 사람들이 자신의 아이디어를 훔쳐 간다고 걱정한다.

– 갈고 닦은 기술이 아니라 타고난 재능이 전부라고 믿는다.

– 본인은 아무것도 갖고 있지 않다고 말한다.

자신의 미래를 걱정하며 학업에 집중하는 학생들과 젊은이들에게 말한다.

사람은 누구나 가지고 있는 재능이 있다. 주어진 환경 속에서 자신을 개성과 적성을 발견하여 행동하라. 긍정적인 마인드로 지금 실천하라.

아이디어와 정보를 얻은 시간은 지금으로 충분하다. 지금은 행동하는 시간임을 명심하라.

울음의 종지부

웃음에는 여러 종류가 있다. 조소(嘲笑)나 일소(一笑)같이 상대방을 무시하는 웃음도 있고 냉소(冷笑)나 고소(苦笑) 같은 우울감으로 상대에게 상처를 주는 웃음도 있다. 아무리 웃으며 살아야 한다고 해도 이런 웃음은 금물이다. 그러나 온 식구가 식탁에 둘러앉아 맛있게 음식을 나누며 함께 웃는 명랑한 웃음에는 사랑이 고여 있다. 몸과 마음, 시간과 공간을 넘어 따뜻한 분위기에서 입에 넣은 식사는 피가 되고 살이 되는 것이다. 웃음이야말로 삶을 풍요롭게 하는 특효약이다. 가난해도 좋고 명예나 권력이 없어도 좋다. 진정으로 웃을 수 있는 사람이라면 그는 이미 부자다.

미소는 꽃이요, 마음의 향기다. 모나리자의 미소는 소리 내어 웃는 허풍선 같은 웃음이 아니고 기품이 있고 여유 있는 미소이기에 가치가 있다.

또한 스포츠인들의 땀의 성과에서 얻는 환희의 웃음, 젊은이들의 성공적 취업을 이뤄내고 웃는 웃음, 농촌마을에서 젊은 부부 사이에서 태어난 아이의 울음은 진정하고도 소중한 웃음일 것이다. 매달 가는 독거 어르신들의 봉사활동에서 할머니 할아버지의 활짝 웃는 웃음과 함께한 봉사자들의 나눔의 정이 듬뿍 담긴 웃음은 이 세상 그 어떤 웃음보다 소중한 웃음일 것이다. 국민 모두가 2002년 한 · 일 월드컵 때는 태극전사들의 연승으로 긴 여름 동안 길거리 응원으로 한마음으로 크게 웃었다.

하지만 언제부터인가 우리 사회는 웃음을 잃었다. 도처에서 시비가 벌어지고 부딪치면 싸움이다. 최근 TV를 켜 보면, 애꿎은 죽음 앞에 울부짖는 유족들의 모습, 부상자들의 찡그린 얼굴들, 쇠고랑을 찬 기름진 상판들, 수재를 당한 농어민들의 애달픈 모습들, 진실 앞에서 거짓으로 말하는 사람들의 일그러진 표정들, 도심 차로에 앉아 빨간 머리띠를 두르고 구호를 외치는 사람들의 표정들, 참으로 정신건강에 해로운 장면들을 아침저녁으로 대하게 된다.

우리는 6.25전쟁 때 잿더미 위에서 큰 울음을 울었고, 이산가족 상봉 때는 부모 형제가 부둥켜안고 울었다. KAL기 폭파사고, 성수대교 붕괴와 상품백화점 붕괴, 5.18민주화운동, 세월호 침몰사고, 이태원 압사 사고, 폭우에 오송역 지하차도 침수사고까지 울음의 바다는 그칠 줄 모르고 있다.

해방 70년, 우리 민족이 흘린 눈물을 모은다면 한강만큼은 되었을 것이다. 그러나 이 나라의 사회구성원들이 분열과 적대관계를 종식하고 웃음이라는 윤활유로 사랑의 공동체를 이룬다면 울음은 멈출 것이다. 우리에게 남은 큰 웃음은 통일이 되는 날 남북동포가 얼싸안고 웃음과 울음이 뒤섞인 참 울음을 한 번 울고 울음의 종지부를 찍어야 한다.

한순간에 다가올 것 같지 않지만, 공정과 상식이 통화는 사회에서 사랑이 넘치는 가족, 서로 밀고 당기는 직장, 서로를 배려하고 양보하는 아름다운 미덕이 넘치는 사회가 한 계단 한 계단 올라가다 보면 울음이 멈추는 사회, 나라가 우리들의 소망이 아닐까 생각해본다.

100년 후의 행복을 위해

일본의 한 교수가 학생들을 인솔하고 프랑스의 파리대학을 방문했다. 포도주 전문학자에게서 가르침을 받기 위해서였다. '최고의 Wine은 어떻게 만들어지는가'를 질문했을 때 72세의 파리대학 주조학 교수인 잔 그로트는 다음과 같이 대답했다고 한다.

"포도는 기후와 토질이 80%를 결정한다. 나머지 20%는 인간의 힘이 소요된다. 인간의 힘이란 포도의 힘을 믿는 것이다"

72세의 노 교수는 "나는 100년 후의 행복을 위해서 일한다"고 말하면서 "포도는 씨를 심어서 포도가 되는 데는 30년 정도 걸린다. 그리고 그 와인을 마실 수 있는 때는 20~30년 정도 후가 된다. 그러므로 우리들은 100년 후를 위해 시간을 걸지 않으면 최고의 Wine을 만들 수 없다. 지금 이 포도가 최고의 와인이 되어 마실 수 있는 30년 후에는 나는 이 세상에 살아 있지 않을 것이다"고 말했다.

그는 자기가 살지 않는 70년 후를 위해 일하는 자세를 보였다. 미래의 행복을 위해 일하는 사람이야말로 '믿음의 사람'인 것이다.

눈앞의 일만 생각하는 조급한 사람은 자기 자신이 결실을 독점하겠다는 이기주의자이다. 만약 이런 사람이 있었다면 에디슨이나 뉴턴 같은 사람은 가장 어리석은 사람이 된다. 그러나 그들이 있었기에 오늘 우리가 문명 세계에서 편리하게 살고 있는 것이다.

인류가 100년 후의 행복을 위한다면 공존의 사회를 만들어 이상적인 국제적 협력을 이끌어내는 시스템을 개발하여 하나뿐인 지구의 온도를 낮춰야 할 것이다. 또한 고갈되어 가는 자원 개발을 멈추고 우주개발을 통해 다른 우주에서 지구로 필요한 자원을 실어 날라야 한다. 에너지를 달과 바다에서 채취한 핵융합 자원들을 발전기로 사용해야 한다. 마지막으로 식량문제를 근본적으로 해결하기 위해 강과 바다에서 나온 식물성 플랑크톤 등을 이용한 식량 공장을 개척하여 더 넓은 범위에서 더 효율적인 식량 생산을 모색해야 할 것이다.

포도를 통한 훌륭한 와인도 중요하다. 인류의 100년 후에 참 모습을 상상하기란 그렇게 어렵지는 않다. 혁신적인 정보화 발전과 AI를 기반으로 한 국가나 사회에서 저 개발국가의 폭발적인 인구 증가, 자원 고갈, 지구온난화에 의한 이상기후, 승리 없는 전쟁 등은 100년 후의 인류의 모습이 아름답지 못한 것은 사실이다. 지금 그 해법을 내놓고 실천해야 할 때다.

인생설계

우리의 인생을 80년으로 본다면 70만 시간(24시간*365일*80년)이다. 이 시간이 우리에게 주어진 시간이 되는 셈이다. 여기서 40년을 일한다고 가정(25~65세)한다면 8만 시간[하루 8시간*250일(주말과 공휴일 제외)*40년]이다. 한평생 주어진 시간의 11.4%를 일하는 셈이다. 이 8만 시간을 어떻게 활용하느냐에 따라 한 사람의 생애가 결정된다.

지난번 아사히 TV의 "뉴스 스테이션" 프로에 등장한 미국에서 성공한 여자 사장 5명은 성공의 비결을 묻는 질문에 한결같이 "다른 사람이 놀 때 우리는 아침 일찍부터 저녁 늦게까지 일한 Hard Work에 있다"고 대답했다.

스포츠에 있어 약자(弱者)가 강자(强者)를 이기는 법은 상대보다 장시간 연습하는 것밖에 없고 천재나 수재와 겨루어서 이기는 비결도 상대보다 오랜 시간 학습하는 길밖에 없을 것이다. 노력하는 사람을 이길 장사는 없다.

그런데 한 사람이 한평생을 뜻깊게 살려면 나름대로의 인생 설계가 있어야 한다. 집을 지을 때 먼저 설계도가 필요하듯이 인생도 네 구분으로 나누어 설계를 그릴 필요가 있다.

첫 단계는 사회적 능력 형성기다(태어나서 30세까지)

태어나서 학교를 졸업한 후 30세까지 사회인으로서 능력 배양과 직장을 얻어 인생의 방향설정을 하는 시기를 말한다.

두 번째 단계는 전문 능력의 형성기다(30~60세)

적어도 사람이 직업에 종사하려고 하면 자기의 전문 분야가 있어야 한다. 어떤 사람이라도 5,000시간에서 1만 시간을 자기가 좋아하는 일에 투입되면 전문가가 된다. 30년이면 1만 950일인데 하루 한 시간만 소비하면 전문가가 되고도 남는다. 문제는 계획을 세워놓고 꾸준히 파고 들어가느냐에 달려있다.

세 번째 단계는 자립능력 형성기다(60~65세)

지금까지 살아온 주변을 정리하여 인맥(human network)을 만들고 자립을 준비하는 시기다. 상대를 어떻게 대해 왔는지, 신뢰는 어느 정도 쌓아왔는지, 자립을 했을 때 '심은 대로 거두는' 결과가 나타나게 된다.

네 번째 단계는 종신 현역기다(65세~죽기까지)

정년을 맞아 퇴임한다는 것은 결코 인생의 퇴출을 의미하는 것이 아니다. 정년은 월급쟁이에서 해방되어 지립 체제로 나아가는 시기다. 퇴직금, 연금, 저축금 등 다소간 경제적 여유가 있는 시기여서 자기가 하고 싶은 일에 착수할 수 있게 된다. 21세기는 노인의 파워(power)를 활용하여야 한다.

그러나 여기서 중요한 것은 자기개발이다. 인생설계도 중요하지만 그 단계마다 자기개발에 몰두하여야 한다.

자기개발의 3대 조건은 다음과 같다.

첫째, 자기 일에 정열을 쏟아야 한다. 정열 없이 성취는 없다. 정열이란 열중, 열심, 열광을 의미한다. 진정한 성공의 비결은 "정열"에 있다.

둘째, 자기개발을 위한 투자를 게을리 말 것이다. 한 기업체의 발전이 R&D(연구개발비) 투자와 비례하는 것처럼 사람도 자신의 발전을 위해 투자하지 않으면 안 된다. 최소한 자신의 월급의 5% 정도는 책값에 투자해야 하고 각종 정보의 수집, 분석, 가공을 쉼 없이 해야 하고 독서량도 점점 늘려야 한다.

셋째, 시간관리에 철저해야 한다,

인간에게는 누구나 평등하게 주어진 '시간'이라는 재산이 있다. 이것을 어떻게 활용하느냐에 따라 인생의 승패가 결정된다. 파레토(Pareto)의 '80 대 20 법칙'에 따르면 20%의 선택된 스케줄을 잘 소화하는 사람은 80% 달성의 효과를 얻는다는 것이다.

앞으로 펼쳐질 미래에 능동적으로 대처하기 위한 인생 설계에서 중요한 것들이 많지만 그 무엇보다도 소중한 것은 뭐니 뭐니 해도 육체적 건강과 정신적 건강임을 잊지 말아야 한다.

EQ시대에 사는 지혜

흔히 IQ(지능지수)가 좋은 사람이 성공한다고 한다. 그래서 모두가 일류대학, 일류회사를 선호하게 되고 사회는 서열화되었다. 일등만이 살아남는다고 No. 1이 되기 위한 경쟁이 치열한 사회다.

그러니 성공과 IQ와는 관계가 없다는 것이 다방면에서 입증되었다. 가령 한 사람의 경영자가 회사를 이끌어 나가는 데 재무, 통계, 기술, 자재관리, 정보관리, 상품개발, 물류, 시장조사, 판매 등의 능력이 필요한 것은 두말할 나위도 없지만 이런 것들만으로 성공은 어렵다. 이런 조건들보다 더 필요한 것은 성실성, 신뢰성, 직관력, 상상력, 정신력, 영향력, 행동의욕, 감수성, 공감력, 유머, 양심, 겸손 등의 감성적 요소다. 감성이야말로 행동의 원동력이다.

'머리의 지성'과 함께 '마음의 지성'이 개발되어야 한다는 말이다.

20세기를 IQ(Intelligent Quotient)의 시대라고 한다면 21세기는 EQ(Emotional Quotient)를 비롯한 실천적 능력의 시대다. 숫자적 분석만으로 감성을 생각하지 않는 경영자는 시대착오적 지도자다. MIT 조직개발센터의 주임교수인 피터 센지 박사는 "참으로 우수한 사람은 논리와 직관(直觀), 머리로 생각하는 것과 마음으로 느끼는 것, 쌍방이 모두 중요하다는 것을 아는 사람이다. 누구든 한쪽 다리(足)만으로 걷는다든지 한쪽 눈으로만 보지 않을 것이다"라고 말했다. 그럼 '감성(感性)지수'란 무엇인가?

첫째, 자기 감정을 인식하는 능력, 둘째, 감정을 제어(制御)하는 능력, 셋째, 목표를 향하여 감정을 집중시킬 수 있는 능력, 넷째, 타인의 감정을 공감하여 인간관계를 형성하는 능력 등이다. 이런 감성지수는 훈련을 통해 얼마든지 향상할 수 있다.

인간의 심력(心力)엔 무한한 에너지가 저장되어 있다. 이 에너지를 건설적으로 승화시킨다면 큰일을 할 수 있지만 파괴적으로 유도한다면 엄청난 파괴력이 있을 것이다. 비단 EQ는 사업에만 적용되는 것이 아니다. 가정생활, 사회생활 전반에도 큰 영향을 미친다.

마라벨 모건이라는 미국의 한 변호사의 부인이 쓴 책 "The Total Woman"이 시사하는 바가 크다. 그는 남편인 모건과 서로 뜨겁게 사랑 끝에 결합하였는데 결혼 6년 만에 딴 사람처럼 남편이 싸늘하게 변해있음을 발견했다. 집에 돌아오면 TV만 보고 자기와는 대화가 없다. 그녀는 원인이 무엇인가를 생각한 끝에 자기 자신에게 문제가 있음을 발견하고 자기 개선에 많은 노력을 한 결과 옛날처럼 부부관계를 회복할 수 있었다. 그녀는 이 경험을 토대로 'Total Woman Course'라는 부부원만 강좌를 개설하여 전 미국 여성들에게 많은 인기를 얻고 있다. 그녀는 이 책에서 남성의 욕구는 기본적으로 인정받는 것, 칭찬받는 것이라고 했다. 아내의 한 마디가 남편의 인생을 변화시킨다는 것이다. 마음이 변하면 행동이 변하고, 생각이 변하면 성품이 변하고, 성품이 변하면 행동이 변하고, 행동이 변하면 인생이 변한다. 이 모든 행동의 시발점은 '마음'이다.

지금까지는 '물질 중심'의 발상이었지만 이젠 '마음 중심'의 발상으로 변화해야 한다. 성공을 구성하는 요소로 '지식'과 '기술'뿐 아니라 '마음의 존재'를 첨가해야 하는 것이다.

2002 한 · 일 월드컵 때나 프로 야구, 프로 축구장에 수만, 수십만, 수백만 명이 운집하는 것도 감동이 있고, 젊음의 약동이 있기 때문이다. 모르는 사람들과 함께 응원가를 부르고 부르짖어 보고 같이 박수도 치고 공감, 공통점, 일치가 쉽게 이루어지는 것도 감성 에너지가 발산하는 증거다.

흔히 우리는 4개의 문화적 가치를 말한다. '선(善)이냐, 악(惡)이냐'라는 흑백 구분의 가치관, '손(損)이냐 득(得)이냐' 하는 공리주의적(功利主義的) 가치관 그리고 '진짜냐, 가짜냐'라는 진위(眞僞)를 중시하는 가치관을 가졌던 시대를 지나, 이제는 '좋으냐, 싫으냐' 하는 감각 중심의 가치관을 존중하는 시대가 된 것이다.

착한 사람, 똑똑한 사람이 요구되기도 하지만 그보다는 정이 가는 사람을 선호하게 되고, 더불어 사는 지혜가 소중할 때가 되었다. 서류 하나를 만드는 데도 피가 통하는 문서가 중시되고, 논리와 숫자 이외에 더 중요한 것이 있다는 것을 알게 된 시대이다.

아무리 정보화시대를 구가하지만, 하드웨어만으로는 컴퓨터가 하나의 상자에 지나지 못한다. 여기에다 소프트웨어가 깔려야 제 기능을 발휘할 수 있고, 그것을 작동하는 사람의 마음, 하트웨어(Heart ware)가 어떠한가가 가장 소중한 요소임을 잊어서는 안 된다. '큰 것이 강하다', '강하면 이긴다'는 약육강식의 사고방식에 변화가 오고 있다. 소프트한 감성능력이 모든 것을 녹여낼 힘을 갖고 있다는 것을 인식하기 시작한 것이다.

고민거리

보건복지부 발표에 의하면 한국인 평균 수명은 83살이라고 한다. 1970년대 기대수명이 불과 63세였던 점을 감안하면 엄청나게 늘어난 수치이다. 특히 남자의 기대수명은 80.6년, 여자의 기대수명은 86.6년으로 OECD(경제개발협력기구)보다 평균적으로 2.9년, 3.5년 높은 수치를 나타내고 있다.

2년 전 나는 환갑이 되었다고 가족들에게 거금의 용돈과 맛난 식사대접을 받았다. 남자의 기대수명을 참고한다면 앞으로 18년 정도 나의 삶이 남았다고 가정해볼 수 있다. 또한 교수의 정년이 만 65세이기에 약 3년 반 남은 셈이 된다.

친하게 지내는 친구들을 둘러보면 기업과 공무원, 교사들의 정년은 이미 끝났지만 다른 활동을 통해 정년이 무색하게 왕성한 활동을 하는 것을 보게 된다.

고향에서 초등학교를 함께 다녔던 평생을 농사일에 매진하고 현재도 농사일을 하고 있는 친구를 만나 얘기를 나눠보면 “농사꾼이 정년이 어디 있나. 내일 죽더라도 오늘까지는 논과 밭에서 일을 할 것이다”라고 한다.

천안에 있는 대학에 교수로 재직한 지도 벌써 16년이란 시간이 흘렀다. 부산에서 직장생활과 사회활동을 병행할 때는 늘 시간이 부족하였는데 교수는 학생들을 가르치고 연구하고 학사행정업무를 보더라도 많은 시간을 활용할 수 있다.

해서 농사일을 시작한 것이 15년이 지났다. 처음에는 500평 규모의 밭에 고구마를 심어 수확해 가족들과 지인들에게 택배로 나눠주기도 하였으나 점점 늘어나 지금은 10배 규모가 되었다. 논 다섯 마지기에 벼농사도, 블루베리도, 아로니아도, 고구마도, 고추도 재배하는 농사꾼이 되었다.

내가 이만큼 농사짓는 것을 아는 분들은 어떻게 교수하면서 그 많은 일을 할 수 있느냐고 늘 묻는다. 결론은 쉽지 않다. 모든 농사를 짓는 분들이 그렇듯 새벽에 일어나거나 학교를 마치고 집으로 돌아와 어둠이 내려앉은 달빛에서도 농약 치고 풀 뽑고 수확하고 택배 보내고 일을 해야 한다. 몇 년 동안은 내가 좋아서 하는 일이기 때문에 힘든지 모르고 했지만 이제 서서히 체력이 떨어지고 많은 일거리들이 밀리면서 오래도록 밭에 가보지 못하게 될 때가 있다. 장맛비가 내리고 나면 밭과 논두렁에는 풀이 엄청나게 자라있다. 예초기를 새벽, 저녁 가리지 않고 돌려 보아도 별 티가 나지 않는다. 매일 저녁 지쳐 집에 들어오는 나를 집사람은 "제발 몸 상하지 말고 그만해라", "농사는 교수 은퇴하고 해라"고 한다.

하도 많이 들어서 잔소리라고 매번 무시하듯 괜찮다고만 반복적으로 얘기하곤 했지만 힘들고 바빠서 돌보지 못해 흉작이 늘면서 깊은 생각과 결정을 해야만 한다.

집사람 말처럼 교수를 은퇴하고 농사를 해야 하는지 아니면 교수를 그만두고 농사를 해야 하는지가 최근 나의 고민거리가 되었다.

가까운 친구들과 이런 고민을 얘기해보면 십중팔구 집사람 말을 들으란 얘기다. 그러면 지금까지 벌려 놓은 농사일을 접는 것 자체가 결코 쉬운 일도 아니다. 영농후계자인 아들도 800평에 4동의 오이 하우스를 하는데도 힘들어 하기 때문에 아들에게 맡길 수도 없다.

커피잔을 들고 집 밖으로 나가 하늘을 보니 둥근달이 떠 있다. 달빛에 멀리 있는 논이 희미하게 보인다. 며칠 동안 폭염에 논바닥이 말라 있을 것을 걱정하며 내일 새벽에는 논에 물을 대야겠다는 생각이 머릿속을 채운다.

열대야로 잠 못 드는 한 여름밤 나는 다시 깊은 상념에 잠겨야 한다. 교수할래? 농부할래?

참고 문헌

1. 고객서비스실무, 박혜정, 2011, 백산출판사.

2. 디지털사회를 사는 지혜, 장성만, 2001, 양서원.

3. 프레젠테이션 스킬, 김문수, 2011, 비즈프레스.

4. 4차 산업혁명시대 교육의 미래, 김영식, 2018, 학지사.

5. www.daum.net

6. www.instagram.com

7. www.jbnews.com

8. m.youtube.com

저 자 소 개

김문수

충북 진천군 상송 출생

동아대학교 대학원 졸업(관광경영학 석 · 박사)

부산 서라벌호텔 회계부장

부산 호텔리어아카데미 대표

교육부 중등교과서 편찬위원

중소기업청 경영컨설턴트

경희대학교 호텔관광대학 & 대학원 강사

동아대학교, 부경대학교, 청주대학교, 남서울대학교, 나사렛대학교 강사

대한경영학회 부회장, 사무국장

현) 백석문화대학교 교수

교수할래? 농부할래?

2023년 10월 1일 초판 1쇄 인쇄
2023년 10월 5일 초판 1쇄 발행

지은이 김문수
펴낸이 진욱상
펴낸곳 백산출판사
교　정 박시내
본문디자인 신화정
표지디자인 오정은

등　록 1974년 1월 9일 제406-1974-000001호
주　소 경기도 파주시 회동길 370(백산빌딩 3층)
전　화 02-914-1621(代)
팩　스 031-955-9911
이메일 edit@ibaeksan.kr
홈페이지 www.ibaeksan.kr

ISBN 979-11-6639-381-5　03040
값 15,000원